지혜로운 교사는 어떻게 말하는가

Teacher Talk

Title of the Original title:

Teacher Talk by Chick Moorman and Nancy Weber

Copyright ⓒ 1989, Personal Power Press, USA

Korean translation copyright ⓒ 2013, Hanmunhwa Multimedia, Inc.
The Korean edition was published by arrangement with Personal Power Press, USA
through Yu Ri Jang Literary Agency, Seoul

지혜로운 교사는
어떻게 말하는가

Teacher Talk

칙 무어만 · 낸시 웨버 지음 | 윤미나 옮김

한문화

이 책에 담긴 교훈을 배울 수 있게 도와준
내 아이들과 세상 모든 학생들에게
바칩니다.

대단히 실용적이고 유익한, 교사를 위한 소통 기술 안내서!

— 릭 베네딕트 Rick Benedict, L'Anse Creuse High School 교장

아이들의 삶에 관여하는 사람이라면 누구나 반드시 읽어야 할 책! 교사들에게 당장 필요한 다양한 기술을 알려준다.

— 조 하센스타브 Joe Hasenstab, Performance Learning System 대표

교사가 아이들에게 매일 사용하는 표현들을 차근차근 다루면서, 그 표현이 학생들에게 미치는 효과까지 설명한다. 교사의 표현을 개선하는 방법과 더불어 아이들과 더 효과적이고 인간적으로 대화할 수 있는 방법을 자세히 알려준다.

— 로라 린 월시 Laura Lynn Walsh, 교사

교육에 대한 책들이 개론적인 큰 그림은 보여주지만 구체적으로 적용할 수 있는 실천 방법이 부족한 반면, 이 책은 실제 상황을 간단하게 분석하여 소개한 사례들이 많다. 교실에 들어가기 전에 마음의 준비를 도와주는 것 같다. 이 책을 자주 반복해서 읽을 생각이다.

— 라이안 Ryan, 예비교사

신입 교사는 물론 경력이 오래된 교사들도 반드시 읽어야 할 책이며, 부모들에게도 많은 도움을 준다. 교사가 교실에서 사용하는 언어 패턴

이 학생들에게 어떤 영향을 미치는지에 대해 정확한 정보를 제공한다.

— 안드리아나 알카라 칼일 Adriana Alcala-Kalil, 아마존 독자

나는 아직까지 교사 화법에 관하여 이만큼 정리된 책을 본 적이 없다. 지금껏 말의 표면적인 의미와 심층적인 의미를 충분히 생각하지 못하고 학생들에게 날마다 비슷한 패턴의 말을 반복해 왔다. 그동안 생각해보지 못했던 내 화법에 대해 생각해보는 좋은 기회였다. 책에 나온 몇 가지 대화법을 시도해봤는데 실제로 많은 도움이 되었다.

— 김효숙, 서울홍제초등학교 교사

나의 언어 습관을 점검하고 새로운 시도를 해볼 수 있었다. 우리 아이들에게 실망감이 들거나 교사로서 내 능력에 의문이 들 때 이 책이 힘이 되어줄 것 같다.

— 강혜진, 서울신미림초등학교 교사

자칫 절망의 구렁텅이에 빠질 수 있는 아이들에게 교사의 언어 표현은 매우 중요한 것 같다. 사실 학교에서 우수한 학생들은 잘하는 게 많아서 늘 칭찬을 받으며 쑥쑥 자라지만 부진한 아이들은 여러모로 좌절하게 된다. 교사의 시선이 어디로 가야하는지 또 어떤 표현이 필요한 건지 생각해볼 수 있었다.

— 강자화, 서울염경초등학교 교사

지혜로운 교사는
진심을 전달하는 방법을 고민한다

좋은 교사는 처음부터 타고나는 것이 아니다. 수많은 시행착오를 통해 자신의 좋은 의도와 진심을 학생들에게 전달하는 방법을 터득해가는 과정에서 만들어진다. 그리고 지혜로운 교사는 좋은 교사가 되기 위해 진심어린 마음을 말과 태도로 효과적으로 드러낼 수 있는 습관을 만들기 위해 치열하게 연습해나가는 교사라고 생각한다. 이 책《지혜로운 교사는 어떻게 말하는가》를 읽으면서 나는 좋은 교사가 되기 위해 올바르게 노력해왔는지, 그리고 내가 지금 교실에서 쓰고 있는 말들이 과연 나의 교육적 의도와 일치하는지 하나하나 생각해보게 되었다.

나는 올해로 경력 18년차 교사다. 고3시절 장래희망에 교사라고 쓰기 싫어 '존경받는 교사'라고 굳이 적어 넣었던 것이 얼마나 거대한 일이었는지를 이제야 조금씩 깨달아가고 있다. 한때는 아이들에게 해답을 시원시원하게 알려줘야 능력 있는 교사라고 착각하기도 했다. 그때는 아이들의 물음에 분명하게 답을 하지 못하면 짐짓 더 아는 체하고 단정 지어 말했다. "이건 지금 너희들에게는 너무 어려운 거라 잘 모를 거야"라든가 "내 말대로 해. 이게 더 좋은 방법이야"라고 말이다. 때로는 교사의 권위가 무너지면 어쩌나 하는 두려움 때문에 아이들과 힘겨루기를 하며 감정적으로 대꾸하기도 했다.

첫 담임을 맡았을 때가 생각난다. 여동생의 꽃무늬 티셔츠를 입고 온 것이 부끄러워 가방을 가슴 앞으로 메고 수업하던 남자 아이에게 이유도 묻지 않고 가방 벗으라고 큰소리를 질렀던 일, 철봉 위에서 앞돌기를 안 하겠다고 고집부리는 아이와 단 둘이 한 시간 넘게 운동장에서 실랑이를 벌였던 일 등을 생각하면 지금도 부끄럽기만 하다. 그때 아이를 다그치며 누가 이기는지 끝까지 주도권 싸움을 벌일 게 아니었다. 이 책에서 소개한 대로 "아무렇지도 않은 것처럼, 마치 철봉을 제일 잘하는 사람인 것처럼 행동해봐"라고 말하며 그 아이의 두려움을 한 꺼풀 걷어내줄 수 있었다면 좋았을 텐데.

이런 상황들은 나만 겪는 일이 아니다. 모든 교사들이 늘 부딪치는 상황이다. 특히 경험이 짧은 교사들은 교사로서의 권위를 잃을까 두려움에 빠져 아이들의 두려움을 제대로 보지 못한 채 감정적인 말로 대응하기 쉽다. 아이들 앞에서는 태연

한 척하지만 솔직히 아이들과의 소통에 어려움을 겪을 때마다 뭐라 말해야 좋을지 정말 고민스럽다.

　모든 교사는 학생을 바르게 성장시키고자 하는 좋은 의도를 가지고 아이들을 대한다. 하지만 그저 내 뜻이 좋으니 됐다고 마음을 놓을 일은 아닌 것 같다. 이 책을 읽으면서 나는 아이들에게 얼마나 믿음을 주고 있는지, 아이들에게 나의 좋은 의도를 얼마나 잘 전달하고 있는지, 아이들에게 무심코 던지는 말이나 평소에 자주 쓰는 말 속에 담긴 숨겨진 의도는 무엇인지, 좋은 의도라는 착각에 빠져 나도 모르게 아이들을 한정짓고, 가능성을 꺾고, 나에게 의존하게 만들지는 않는지 돌아볼 수 있었다. 독자들도 이 책을 읽으면서 그동안 얼마나 가다듬지 않은 말을 내뱉었는지 깜짝 놀라게 될 것이다.

　말은 마음을 담는 그릇이라고 한다. 특히 교사의 말에는 학생의 영혼을 책임진 사람이 갖는 순수한 소망이 담긴다. 가르치는 학생들이 어른들의 생각과 잣대에 의지하지 않고, 다른 사람의 평가에 휘둘리지 않으며, 자신만의 생각을 키워가고 바른 뜻을 세워가기를 간절히 소망하는 교사라면 "내면의 목소리에 귀를 기울여봐"와 같은 말로 아이들이 삶에서 순간순간 부딪히는 상황을 스스로 헤쳐 나가도록 영감을 줄 수 있을 것이다.

오랫동안 뇌교육을 지도해온 나는 아이들에게 "너의 뇌에게 물어봐"라는 말을 자주한다. 모든 사람의 뇌는 완전하기 때문에 간절히 해답을 찾고자 하면 자신의 뇌 안에서 답을 얻게 된다는 뜻을 담고 있다. "네 뇌에게 물어봐"라는 말의 효과를 톡톡히 체험한 나로서는 무엇보다 학생들이 스스로 자신의 내면의 힘을 찾아가도록 안내해야 한다는 저자의 생각에 깊이 공감한다. 교실의 상황은 미국이나 한국이나 비슷한 것 같다. 마치 우리 교실을 보는 것 같은 현실감 있는 상황과 핵심적인 대화법 한마디 한마디에서 저자들의 연륜과 내공이 느껴진다.

어떻게 하면 아이들이 실패에 대한 두려움을 놓고 즐겁게 도전할 수 있게 만들까? 경쟁을 피할 수 없는 상황이라면 결과에 상관없이 어떻게 다양한 배움의 기회를 갖게 할까? 그리고 자신이 모든 선택의 주체라는 것을 어떻게 분명히 알게 할까? 이런 고민들을 품고 있는 교사라면 이 책에서 소개하는 대화 방식과 당장 실천해볼 수 있는 구체적인 대화법에서 해결의 실마리를 찾을 수 있을 것이다.

김진희
서울상경초등학교 교사

차례

1장 칭찬하는 말, 꾸짖는 말

2장 자존감을 높이고, 내면의 힘을 키우는 말

3장 감정을 표현하는 방법을 가르치는 말

4장 아이와의 갈등을 키우는 말

7장 아이를 무기력하게 만드는 말

8장 서로 협력하며 유대감을 키우는 말

교사의 언어 습관은 학생들이 만들어갈 삶과 이어져 있다

이 책은 교사가 날마다 학생들에게 하는 말(질문, 지적, 명령, 제안 등)에 대한 이야기다. 교사가 아이들에게 말하는 방식을 자세히 분석할 뿐 아니라, 교사가 입 밖으로 꺼낸 말의 이면에 숨어 있는 '무언의 메시지'가 무엇인지도 보여준다.

사실 교실에서 이루어지는 대화의 80%는 교사의 말로 채워진다. 많은 경우는 수업 형태로 전달되지만 지시나 꾸중, 알림, 칭찬, 제안, 토론, 동기부여, 설명 등의 형태를 띠기도 한다. 말의 형태나 내용 혹은 학생들의 연령이나 학년과 상관없이 교사가 하는 말은 교실에서 이루어지는 대화의 80%를 차지한다.

따라서 교사가 어떤 단어를 선택하고 어떻게 표현하느냐 하는 것은 학생들의 자존감, 성적, 정신 건강, 정서 발달에 매우 중요한 영향을 미친다. 평소에 학생을 대하는 교사의 말과 태도가 앞으로 학생들이 만들어갈 삶과 이어져 있다는 사실은 아무도 부정할 수 없을 것이다. 교사가 '의도'를 가지고 단어와 표현을 선택하고, 새로운 대화법을 시도하거나 기존의 언어 습관을 바꾸기 위해 평소에 하는 말에 어떤 말을 조금 더하거나 빼는 것만으로도 학생들은 몰라보게 당당해지고 학습 면에서도 향상될 수 있다.

이 책을 읽는 동안 교사가 학생들에게 흔히 사용하는 일반적이고 전형적인 여러 가지 표현들을 만나게 될 것이다. 그 중에서 어떤 표현은 학생들의 성적을 올리고 정서적인 안정을 뒷받침하지만, 어떤 표현은 역효과를 내거나 학생들의 사기만 떨어뜨릴 뿐이라는 것도 알게 될 것이다. 그리고 평범해 보이는 교사의 한마디에 숨겨진 의미를 분석하는 과정에 참여하고, 학생들과의 의사소통 기술을 향상시켜줄 새로운 표현을 다양하게 배우게 될 것이다.

책에 나오는 여러 가지 표현들은 전국의 학교와 가정, 도서관, 식료품점처럼 어른이 아이에게 말을 건네는 곳이라면 어디에서나 수집되었다. 우리 집에서도 다양한 사례를 수집했고, 기억에서 끄집어낸 것들도 상당히 많다. 우리의 교실과 동료 교사들의 교실은 이 책에 실린 아이디어를 수집하고 사용하고 재검증하는 데 훌륭한 시험장이 되어주었다.

책에 실린 표현과 그에 대한 설명은 교사가 학생들과 나누는 대화 방식을 심층적으로 살펴보기 위해 아주 신중하게 선별한 것들이다. 이 책은 당신이 지금껏 무심결에 사용해온 언어에 대해 죄책감이나 가책을 느끼게 하려는 것이 아니다. 기존의 언어 습관을 새로운 시각으로 바라보고 참신하고 다양한 선택을 할 수 있도록 돕기 위한 것이다.

이 책이 교사의 언어 습관과 말하는 방식이 학생들에게 얼마나 영향을 미치는지 인식하는 데 도움이 되기를, 이 책을 읽고 당신이 아이들에게 하는 말에 의문을 품게 되기를 바란다. 당신이 학생에게 혹은 자녀에게 하는 말은 당신이 진정으로 원하는 결과를 이끌어내고 있는가?

교사라면 교육 효과를 높이고 학생들에게 원하는 결과를 이끌어내는 데 도움이 되는 표현이 무엇인지를 선택해야 한다. 자신의 사고방식과 철학 또는 신념을 바탕으로, 자주 쓰는 대화 목록에 포함시키거나 목록에서 삭제할 표현을 선택해야 한다. 마음을 끄는 새로운 표현을 발견하면 진지하게 고려해보고, 나머지는 잊어라. 이제, 선택은 당신의 몫이다.

이 책을 만드는 데 도움을 준 사람들에게 깊은 감사의 마음을 전한다. 공들여 원고를 읽고 여러 제안을 해준 할 피터슨 덕분에 책의 내용과 문체가 훨씬 더 좋아졌다. 데비 두카스키와 발레리 반스는 일정 관리, 자료 정리, 전화 업무를 도와주었다. 그리고 이 세 사람은 우리가 책을 쓰는 동안, 집안일과 학교 일이 제대로 굴러가도록 아직 어린 우리 아이들을 사랑으로 보살펴주었다.

수 다바키와 페기 랭은 전문가답게 놀라운 인내심과 능숙한 솜씨를 발휘하여 원고 입력에서부터 교정과 편집까지 도맡아주었다. 두 사람의 도움은 정말 큰 힘이 되었다.

《지혜로운 교사는 어떻게 말하는가》를 집필하면서 우리도 굉장히 많이 성장했다. 그 부분을 여러분과 나눌 수 있어서 무척 기쁘고 감사하다.

칙 무어만, 낸시 웨버

"당신이 날마다 아이들에게 하는 말은
진정으로 원하는 결과를 이끌어내고 있습니까?"

1장
칭찬하는 말,
꾸짖는 말

칭찬이라고 해서 무조건 좋은 것은 아니다.

칭찬에 길들여진 아이들은

지속적으로 칭찬을 듣지 않으면 불안하고 초조해 한다.

다른 사람에게 자신의 능력을 입증하는 데 집착하느라

자기 가치에 대한 적절한 내적 기준을 발달시키지 못한다.

앤디가 그린 그림 좀 봐!

앤디는 그림 그리기에 푹 빠진 나머지 주위에서 무슨 일이 일어나는지 전혀 모르는 것 같았다. 평소 앤디의 모습과는 딴판이었다. 과제를 제대로 마무리하는 법이 거의 없고, 때로는 아예 시작조차 하지 않던 아이였다. 교사는 앤디의 관심을 사로잡은 것이 무엇인지 보려고 슬그머니 다가갔다. 그리고 앤디가 그린 참나무를 보고 깜짝 놀랐다. 울퉁불퉁 옹이진 새까만 참나무가 소나기를 흠뻑 맞으며 서 있었다. 교사는 진심으로 감탄해서 아이들 앞에 그림을 들어 올리며 말했다.

"얘들아, 앤디가 그린 그림 좀 봐!"

교사는 예를 들거나 칭찬을 하기 위해서, 혹은 학생들에게 동기를 부여하기 위해서 위와 같이 말할 때가 많다. 의도야 더없이 훌륭하지만 대개는 창의력과 다양성을 해치는 결과를 낳는다. 교사는 학생을 자랑스러워 한다는 자신의 마음을 전하고 싶었겠지만, 오히려 아이를 부끄럽게 만들 수도 있다.

교사가 공개적으로 한 아이를 칭찬하면 나머지 아이들은 그대로 따라하는 경향이 있다. 로빈이 그린 나무를 보라고 말하면 아이들은 그와 비슷비슷한 나무를 그린다. 데비가 그린 개를 보라고 말하면 아이들은 그와 똑같은 개를 흉내 내려 할 것이다. 아이들은 교사의 공개적인 칭찬을 '정답'을 암시하는 신호로 받아들인다. 많은 아이들이 그 신호를 알아차리고 교사가 원하는 결과물을 내놓는다.

학생들의 생각과 창의력이 자유롭게 뻗어나가게 하려면 칭찬의 말을 적절하게 구성해야 한다(35~38쪽 참조). 결과만을 칭찬하지 말고 결과물의 가치를 보여주는 구체적인 설명을 덧붙이는 것이 중요하다. 다음과 같이 표현해보자.

> "앤디가 그린 나무는 세 가지 점에서 눈에 띄네. 얘들아, 개성이 뚜렷한 그림을 그리려면 어떻게 하는 게 좋을까?"

물론 모든 경우에 창의력이 중요한 것은 아니다. 글씨 연습이나 띄어쓰기 훈련 같은 경우가 그렇다. 그럴 때도 "패티가 쓴 글씨를 보렴"이라든가 "미시가 띄어쓰기를 얼마나 잘했는지 보자"와 같은 말은 별로 좋지 않다. 어떤 학생들은 교사가 자신이 쓴 공책을 예로 들면 몹시 부끄러워한다. 수줍음이 많거나 자기만의 개성이 뚜렷이 발달하지 않은 아이들은 공개적인 칭찬을 받으면 안절부절못한다. 심지어는 분노를 느끼는 경우도 종종 있다. 아이들은 마음속으로 칭찬을 거부하거나 부정하느라 급급해서 칭찬받았다는 것 자체를 인식하지 못할 때도 많다.

아이들이 공개적인 칭찬에 부정적으로 반응하는 이유는 자기 자신을 낙오자라고 생각하기 때문이다. 눈에 띄는 성과를 보이거나 열심히 노력하는 것은 아이들 세계에서 평범한 행동이 아니다. 안전지대를 벗어나는 행동이다. 따라서 공개적인 칭찬은 안 그래도 불편한 아이들을 더 부담스럽게 만든다. 공개적으로 칭찬받은 학생은 교사가 장려하고 싶었던 행동을 다시는 안 하게 될 수도 있다.

학생들 개개인의 특성과 상관없이 언제나 효과적인 전략은 개별적으로 칭찬하는 것이다. 아이들에게 다가가서 다정하게 눈을 맞추고 윙크를 하거나 등을 두드려준다. 그리고 아이들의 노력을 구체적으로 칭찬해준다. 예를 들면, "문제를 하나도 빠짐없이 다 풀었구나"와 같은 식으로 말이다. 이렇게 개별적으로 인정받은 학생은 교사에게 친근감을 느끼고, 안전한 학습 환경에 필요한 마음의 안정을 얻을 수 있다.

학생들이 공개적인 칭찬을 받았을 때 느끼는 불편한 감정을 쉽게 체감할 수 있는 방법이 있다. 교무회의 시간에 교장이 다가와 교사들의 교무수첩을 검사하는 상황을 상상해보자. 그럴 때 당신의 내면에서 어떤 반응이 일어날지 상상해보자. 교장이 동료들 앞에서 당신의 수첩을 높이 들면서 "다들 헨리 선생님의 교무수첩을 보세요! 정리가 아주 잘 되어 있어요"라고 말한다면 기분이 어떨까?

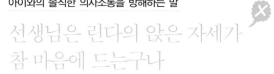

선생님은 린다의 앉은 자세가
참 마음에 드는구나

교사 연수를 어느 기관에서 받았든지 간에 대부분의 교사는
'바람직하지 않은 행동은 무시하고 바람직한 행동에 관심을
보이라'고 배웠을 것이다. 이를 사자성어로 표현해보면 달리
는 말에 채찍질한다는 주마가편走馬加鞭 정도가 될 것이다. 교사
는 교단에 섰을 때 자세가 거슬리는 학생들이 여럿 눈에 띌 경
우, 바른 자세로 앉아 있는 한 명을 골라 그 아이에게 관심을
집중시킨다. 이 개념은 수많은 교실에서 다양한 형태로 활용
되고 있다.

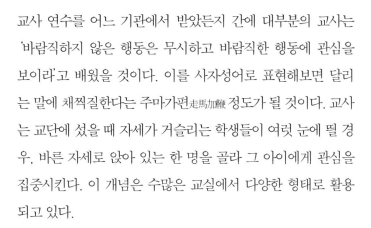

이런 식의 대화법은 효과가 있다. 제인네 반 아이들은 자세를
고칠 것이고, 케빈의 친구들은 복도에서 사뿐사뿐 걸을 것이
다. 린다와 같은 조원인 아이들은 린다가 하는 대로 과제를 따
라할 것이다. 이 전략의 효과는 확실하기 때문에 그렇게 하지

말라고 하면 오히려 의아하게 생각하는 사람이 많을지도 모르겠다.

이 대화법이 아이들의 행동 변화에 효과가 있느냐 없느냐를 말하려는 게 아니다. 효과도 효과지만, 과연 학생들과 효과적으로 의사소통을 하는 데 본보기가 되는지도 중요하다고 생각한다. 결론은 거의 그렇지 않다는 것이다.

"선생님은 린다의 앉은 자세가 참 마음에 드는구나"는 솔직하고 직접적인 의사소통 방식이 아니다. 실제로 이 대화법은 린다에게 하는 말이 아니고, 린다를 제외한 다른 모든 학생들에게 하는 말이다. 린다는 다른 학생들의 행동을 조종하는 데 이용되고 있다. 교사의 이런 행동은 간접적인 의사소통과 조종의 본보기이다. 모든 학생들을 바른 자세로 앉게 하려는 것이 목적이라고 해도 이를 정당화할 수는 없다.

일부 학생들의 자세가 마음에 들지 않는다면, 반 전체에 공개적으로 알리는 것이 좋다. 교사가 현재 원하는 바에 대해서 명확한 기준을 제시해야 한다.

"너희들 중에 자세가 바르지 않은 사람이 눈에 띄는구나. 모두 바닥에 발을 붙이고 등을 똑바로 펴고 선생님을 봐주면 좋겠어."

린다를 칭찬하는 것이 진짜 목적이라면 린다에게 개별적으로 말해주는 것이 좋다. 린다에게 다가가서 "린다야, 앉은 자세가 참 바르구나!"라고 조용히 말해주면 된다. 인정해주고 싶은 부분과 그 이유를 구체적으로 얘기하는 교사의 대화법은 학생의 행동에 관심을 보이는 것뿐만 아니라, 솔직하고 직접적인 의사소통의 모범을 보여준다.

넌 항상 ~하는구나!
너는 절대 ~하지 않는구나!

'항상'이나 '절대'라는 말을 사용할 때는 신중해야 한다. 이런 단어를 무분별하게 사용하면 학생들에게 교사의 부정적인 기대감을 전달하기 때문이다.

"넌 왜 항상 나를 방해하니?"
"너는 항상 다른 사람을 탓하는구나."
"너는 절대 한 번 더 시도하지 않는구나."

교사가 학생을 야단치거나 비난할 때 '항상/절대'와 같은 말을 자주 사용하면 학생에게 그런 식으로 행동하도록 오히려 꼬리표를 달아주게 된다. 특히 자기 모습에 특정한 선입견이 있는 아이라면 그런 방식으로 행동할 가능성이 크다. 따라서 '항상/절대'라는 말을 사용하는 대화법은 교사가 고쳐주고 싶은 학생의 행동을 오히려 강화하게 된다.

교사가 '항상/절대'라는 말을 사용할 때의 문제점이 또 있다. 학생의 관심을 자신이 고쳐야 할 점이 아닌 교사의 비난에만 집중시킨다는 것이다. "너는 항상 제일 먼저 나서는구나!"

라고 말하면, 아이는 거부 반응부터 보인다. 아이는 삼 년 전에 자신이 맨 마지막으로 선택했던 때를 떠올리며 자신이 항상 첫 번째가 되려고 하지는 않았다는 생각을 하느라 현재 문제에 집중할 수가 없게 된다.

교사가 "넌 절대 포기하는 법이 없구나" 또는 "선생님은 항상 널 믿어"와 같은 말을 할 때, 학생은 칭찬을 기쁘게 받아들이면서도 칭찬하는 사람은 불신할 수 있다. 학생들은 칭찬받은 자신의 행동보다는 선생님의 말이 타당한지에 관심을 더 기울인다. 학생들은 '항상/절대'라는 말이 사실이 아니라는 것을 안다. 스스로 포기할 때도 있었고, 믿음직스럽지 못하게 행동할 때도 있었기 때문이다. 일단 교사의 말이 틀렸다고 판단되면, 교사의 말뿐 아니라 말을 한 사람까지도 불신한다. 그리고 마음속으로 다음과 같이 생각할 것이다.

'선생님이 좀 어리숙하네.'
'선생님이 하는 말은 믿을 수가 없어.'
'선생님은 나를 잘 모르는 것 같아.'
'어쨌든 내가 대단한 사람이라고 착각하도록 잘 속였어.'

학생에게 칭찬을 해서 교사의 긍정적인 기대감을 전달하고 싶다면, '항상/절대' 대신 '대개/대부분'과 같은 말을 사용하는 것이 좋다.

"창의적인 생각에 대해서라면, 이 반은 대개 믿을 만해."
"대부분 1조에서 다양한 아이디어를 많이 얻게 되는구나. 하나만 고르기가 어려울 정도야."

이제 교사가 하는 말이 현실과 일치하기 때문에 학생들은 교사가 전하고자 하는 긍정적인 메시지에 관심을 가질 것이다.
　때로 학생들은 교사가 사용하는 '항상/절대'라는 말을 따라하기도 한다.

"걔는 항상 삼진아웃을 당해."
"그 선생님은 항상 숙제를 내줘."
"걔는 나한테 절대 공을 안 줘."
"그 애는 자기 자랑을 절대 멈추지 않아."

학생들은 불평을 하거나 남에게 책임을 떠넘길 때도 이런 표현을 사용한다.

"선생님은 저한테 절대 기회를 주지 않으시잖아요."
"선생님은 항상 두 번째 줄부터 하게 하시잖아요."

교사는 학생들에게 다음과 같이 질문해서 아이들이 한 말이 모든 경우를 싸잡아서 표현하는 일반화의 오류라는 것을 일깨

위줄 수 있다. "네가 말한 '항상'이라는 게 무슨 뜻이지?" "너는 '절대'라는 말이 무슨 뜻이라고 알고 있니?" 이런 질문은 자신이 진짜로 하고 싶었던 말을 제대로 표현하도록 학생들을 도와줄 것이다.

"선생님, 저도 기회를 얻고 싶어요."
"이번에는 저희 줄이 먼저 하면 안 돼요?"

학생들에게 잘못된 행동을 일러줄 때도 '항상/절대'를 사용해서 모든 것을 싸잡아 표현하지 않도록 하자. '항상/절대'라는 말이 꼭 들어맞는 드문 경우를 위해서 그 말은 아껴두자.

칭찬처럼 보이지만 학생의 성과를 평가하는 말

선생님은 네가 자랑스러워

우리가 개최한 '교사를 위한 대화법' 강연회에 참석한 교사들은 우리가 제안하는 몇 가지 대화법을 듣고 깜짝 놀라기도 한다. 그 중에서도 학생들에게 "선생님은 네가 자랑스러워"라는 말을 하지 말라고 제안할 때 가장 놀란다. '대체 그 말이 뭐가 잘못됐다는 거죠?'라고 의아해하며 그 이유를 궁금해 한다.

"선생님은 네가 자랑스러워"라는 말은 교사 자신을 높이는 약간 거들먹거리는 표현이라고 생각한다. 이 말을 하는 사람은 평가자의 위치에서 학생이 성취한 것을 평가할 권리를 가진 것처럼 느껴진다. 마치 재판관이 높은 자리에서 아래를 내려다보며 "선생님은 네가 자랑스러워"라고 선고하는 것 같다. 마치 주인이 말을 잘 듣는 강아지의 머리를 쓰다듬어주는 느낌도 든다.

"선생님은 네가 자랑스러워"라는 말을 살짝만 바꾸면 교사가 의도하는 긍정적인 효과를 더 잘 이끌어낼 수 있다. '네가'를 '네 덕분에'로 바꾸어 "선생님은 네 덕분에 자랑스럽구나"라고 말해보자. "선생님은 네 덕분에 자랑스럽구나"를 큰 소리로 말하면서 두 가지 표현의 차이를 느껴보자. 두 표현을 번갈아가면서 말해보자. 각각 어떤 느낌이 드는지 가만히 집중해보자.

"선생님은 네 덕분에 자랑스럽구나"라는 말은 자랑스러운 행동을 한 학생에게 초점을 맞춘다. 말하는 교사는 학생의 성취에 감사하면서 기쁜 마음을 전할 뿐, 관심과 공은 행위자인 학생에게 돌린다.

당신이 이 책에 대한 소감을 자세하게 적어 우리에게 편지를 보냈다고 상상해보자. 우리가 '자신의 생각을 솔직하고 당당하게 표현해준 당신이 무척 자랑스럽습니다'라고 답장을 보낸다면, 어떤 기분일 것 같은가? 십중팔구 "자기가 뭔데 감히 나를 평가하는 거야?"라고 반응할 것이다. 솔직히 우리가 뭔데 당신을 자랑스럽게 여긴단 말인가? 당신이 자랑스러운 존재가 되고 안 되고는 오직 당신 자신만이 결정할 수 있다.

참 잘했어요!

칭찬은 교사가 학생에게 사용하는 행동 수정 기법 중 최고의 방법이다. 교사는 칭찬이 학생들을 자극해 동기를 부여하고, 자신감을 키우며, 자존감을 높인다고 말한다. 일단 칭찬은 유익하다고 가정하는 것이다. 그런데 이 가정이 잘못된 것이라면? 어쩌면 칭찬은 우리가 믿는 것처럼 자존감을 높여주지 못할 수도 있다.

"참 잘했어요!"라는 말은 평가형 칭찬의 대표적인 예다. 이와 비슷한 말에는 다음과 같은 것들이 있다.

"맞춤법 실력이 훌륭하구나."
"멋진 그림이야."
"아주 훌륭해!"
"정말 환상적이구나!"

평가형 칭찬은 말 그대로 사람을 평가한다. 누군가를 칭찬할 때 '잘했다, 훌륭하다, 최고다, 굉장하다, 환상적이다, 대단하다'와 같은 말로 상대방을 평가하는 것이다. 이 말들은 상대방에 대해 어떻게 생각하고 있는지에 대한 당신의 판단을 드러낸다. 당신의 칭찬은 상대방의 행동이나 성과, 생각, 외모, 성격 등에 대한 평가적인 해석을 담고 있는 것이다.

교사들 중에는 이 말에 반박하고 싶은 사람도 있을 것이다. "하지만 평가하는 칭찬이라도 학생들을 기분 좋게 해주잖아요. 그게 뭐가 문제죠?"

평가형 칭찬은 칭찬받는 사람을 기분 좋게 하지만 그것은 일시적이다. 그런 점에서 마약과 비슷하다. 순간적으로는 사람을 기분 좋게 해주지만 점점 더 많은 칭찬을 갈망하게 만든다. 특히 아이들은 평가형 칭찬에 쉽게 중독되어 많이 의존하게 된다.

다음은 칭찬에 지나치게 의존하는 아이들이 안타까웠던 한 미술 교사의 이야기다. 그녀는 아이들을 평가형 칭찬에서 벗어나게 해주고 싶었다. 그래서 '잘 그렸어!'라는 칭찬 대신 아이가 그린 작품에 대해 설명하면서 그 가치를 인정하려고 노력했다. 한 학생이 그림을 다 완성해서 가져왔을 때 다음과 같은 대화를 나눴다고 한다.

학생 : 선생님, 제 그림 어때요? 잘 그렸어요?

교사 : 디자인이 다채롭구나!

학생 : 그럼 잘 그린 거예요?

교사 : 네 생각은 어떤지 말해줄래?

학생 : 저는 마음에 들어요. 하지만 잘 그린 건지 알고 싶어요.

위의 대화는 조금도 특별하지 않다. 교실에서는 늘 벌어지는 장면이다. 평가형 칭찬에 집착하는 아이들은 빨리 원하는 말을 듣고 싶어서 위의 대화에서처럼 교사의 평가를 재촉한다. 자신의 성공 여부를 다른 사람의 평가에 의존하는 것이다. 자기 삶을 인정하는 원천이 자신이 아닌 다른 사람이기 때문에 자신의 가치를 유지하기 위해서는 주기적으로 평가형 칭찬이 필요하다. 다른 사람이 자신에게 '잘한다, 똑똑하다, 예쁘다, 멋지다'라고 말해주길 바란다.

평가형 칭찬에 길들여진 아이들은 지속적으로 칭찬을 듣지 않으면 불안하고 초조해진다. 이 아이들은 스스로를 칭찬하는 법을 모른다. 평가형 칭찬을 남발하면 아이들은 다른 사람에게 자신의 능력을 입증하는 데 더욱 집착한다. 그리고 주변의 누군가가 인정해주지 않으면 자신이 거둔 성과를 즐기지 못한다. 자신의 중요성과 능력을 증명하는 일을 다른 사람에게 의존하기 때문에 자기 가치에 대한 적절한 내적 기준을 발달시키지 못한다. 이처럼 평가형 칭찬은 학생들이 다른 사람의 인식을 통해 자기 이미지를 만들도록 유도하며 다른 사람의 의견이나 인정에 의존하게 만든다.

앞서 소개한 미술 교사는 학생들을 평가형 칭찬에서 벗어나게 하는 데 성공할 것이다. 그러기 위해서는 많은 시간과 인내가 필요하다. 학생들에게 자신감, 자존감, 자발성을 키워줄 방법을 찾는 교사라면 평가형 칭찬이 유익하지 않다는 사실을 알게 될 것이다. 평가형 칭찬의 대안으로 설명형 칭찬이나 인정형 칭찬을 제안한다. 이에 대해서는 바로 다음에서 자세히 살펴보자.

아이 스스로 자기를 판단하게 하는 칭찬의 말

줄을 반듯하게 맞춰서 글씨를 썼구나

"줄을 반듯하게 맞춰서 글씨를 썼구나!"와 같은 표현은 설명형 칭찬의 좋은 예다. 설명형 칭찬은 학생이 이뤄낸 성과나 상황을 구체적으로 묘사하고, 학생이 한 일을 평가하기보다는 확인하게 한다. 예를 들면, 다음과 같다.

"교실바닥이 쓰레기 하나 없이 말끔하네. 이제 종이 울리면 바로 집에 갈 수 있으니까 선생님도 좋구나."
"얘기하고 싶은 요점마다 근거를 세 가지 이상 제시했네. 선생님이 하라는 대로 정확히 했어."
"첫 문장부터 끌려서 계속 읽고 싶어졌어."

설명형 칭찬에는 평가가 들어 있지 않다는 사실에 주목하자. '잘했다, 훌륭하다, 대단하다'와 같은 말은 찾아볼 수 없다. 대신 상황을 있는 그대로 설명해 학생이 스스로 결론을 이끌어내게 한다. 평가도 학생이 스스로 한다.
　설명형 칭찬은 두 부분으로 이루어진다. 첫 부분은 칭찬한 사람이 실제 말로 표현한 칭찬이고, 두 번째 부분은 칭찬받은 사람이 속으로 하는 혼잣말이다. 자존감, 자기책임, 내적 동기 부여에 가장 유익한 효과가 있는 것은 두 번째, 자기 자신을 스스로 칭찬하는 것이다.

교사가 다음과 같이 칭찬할 수 있다. "18문제 중에서 17문제나 맞혔네. 노력한 결과가 보이는구나!" 이처럼 학생이 스스로 결론을 이끌어낼 여지를 남겨두면, 자신에게 이렇게 말할 것이다. "나는 숙제를 잘했어!" 평가는 아이가 가장 신뢰하는 사람, 즉 자기 자신이 내면에서 스스로 내린다. 이처럼 칭찬이 신뢰를 얻을 때, 자존감은 더욱 높아진다.

학생들의 내면에 우수함에 대한 자기 기준이 확실했을 때, 아이들은 더 많은 성과를 이뤄낸다. 그 기준을 근거로 자신의 노력을 판단할 수 있을 때, 학업 능력도 향상시킬 수 있다. 학업 목표와 그 목표를 이루기 위한 자기 기준이 명쾌하게 정리되어 있기 때문이다. 그러한 자기 기준은 어떻게 발달하며, 학생들은 어떻게 자기 주도적으로 될 수 있을까?

어른의 평가에 의존하지 않고 스스로 자신의 성과를 평가하는 법을 배우면 된다. 교사의 설명형 칭찬을 많이 받아본 아이들은 스스로를 평가하는 법을 자연스럽게 배운다.

자존감, 동기부여, 자기 책임감뿐만 아니라 학생들이 우수함에 대한 자기 기준을 개발하도록 돕고 싶다면 칭찬하는 방법을 평가형에서 설명형으로 바꿔보자. 자신도 모르게 "참 잘했어요!"라는 말이 튀어나오려고 할 때는 스스로에게 물어보자.

'뭘 잘했다는 거야? 맞춤법이 정확한가? 줄을 똑바로 맞춰서 글씨를 썼나? 단락마다 들여쓰기를 했나? 이 아이가 잘했다고 생각하는 게 구체적으로 뭐지? 그런 다음, 질문에 대해 설명형으로 답을 해보자.

아이의 과제물 맨 위에 "참 잘했어요!"라고 쓰고 싶은 유혹을 뿌리쳐라. 대신에 "나열한 사건 순서가 정확하고 각각의 요점이 주제를 뒷받침하고 있구나!"라고 써보자. 도면 그리기 숙제에는 "구조를 꼼꼼하게 관찰했구나. 꼭 지켜야 할 기준을 모두 지켰네!"라고 적어보자. 독서토론을 끝내면서 그냥 "참 잘했어요!"라고 말하지 말고, 상황을 구체적으로 설명하는 대화법으로 바꿔보자. "모두들 끝까지 집중해준 덕분에 토론 내용을 각자 정리하는 작업까지 마칠 수 있었어요. 수업 진행을 방해하는 사람도 없어서 예정된 시간보다 더 빨리 끝낼 수 있었어요!"

이제 각자의 교실에서 시도해보고, 새로운 방식으로 칭찬하는 것에 대해서 학생들이 어떻게 반응하는지 유심히 관찰해보자. '아주 잘했어' '내 숙제는 정말 훌륭해' '내 그림은 최고였어'와 같이 아이들이 마음속으로 자신을 칭찬할 때 어떤 표정을 짓는지 살펴보자. 교사의 효과적인 대화법이 학생들의 삶에 얼마나 중요하고 긍정적인 영향을 미치는지 자각할 수 있을 것이다.

열심히 노력해줘서 고맙다

인정형 칭찬은 평가형 칭찬보다 학생들에게 훨씬 효과가 좋은 대화법이다. 학생에게 어떤 행동이 도움이 되었는지 말해주고, 어떤 긍정적인 효과가 있었는지 설명하며, 교사의 고마운 마음을 전달한다.

"숙제 검사를 도와줘서 고맙다. 덕분에 선생님 일이 많이 줄었단다."
"개수대가 깨끗한 걸 보니 정말 좋구나. 집에 가기 전에 청소할 필요가 없겠어. 고마워!"

교사가 학생에게 인정형 칭찬을 하면, 학생은 스스로 결론을 이끌어낼 수 있다. 예를 들어, 교사가 "책을 모아줘서 고맙다. 덕분에 10분이나 절약할 수 있었어"라고 말했다면, 학생은 '내가 정말 도움이 되었구나'라는 결론을 내린다. 또는 교사가 "네가 프로젝터 옮기는 걸 도와줘서 오늘 수업을 제시간에 시작할 수 있었어. 고맙다!"라고 말하면, 학생은 속으로 이렇게 생각할 것이다. '나는 다른 사람을 도와줄 수 있는 쓸모 있는 사람이구나.' 두 경우 모두 교사의 말은 아이가 스스로 평가할 수 있게 여지를 남겨둔다.

인정형 칭찬을 할 때 중요한 점은 학생의 행동을 구체적으로 언급하는 것이다. 학생들의 믿음직스러움, 정직함, 신속함 등에 대해 고맙다고 말할 때는 어떤 식으로 믿음직하거나 정직하게 행동했는지, 또 얼마나 시간 약속을 잘 지켰는지를 구체적으로 설명하자. "네가 오겠다고 말한 그 시간에 정확히 와줘서 고마워"라고 말하면, 아이는 자기 자신에 대해 '나는 믿을 수 있는 사람이야'라고 스스로를 인정한다.

칭찬을 어떻게 하고 있는지에 조금만 더 관심을 가져도 칭찬의 효과를 더욱 높일 수 있다. 학생들 숙제를 검사할 때 당신이 어떻게 말하고 있는지 점검해보자. 당신이 가장 자주 하는 말은 무엇인가? 학생들을 평가하고 싶은 유혹이 느껴지면 다음과 같이 자신에게 질문해보자. "학생들이 스스로 결론을 이끌어내게 하려면 어떤 식으로 말해야 할까? 학생들이 스스로 평가할 수 있게 하려면 뭐라고 말해야 할까?" 칭찬도 기술이다. 노력하면 얼마든지 발전시키고 개선할 수 있다.

아주 형편없구나!

비난과 칭찬은 동전의 양면처럼 아주 밀접하게 연결되어 있다. 비난도 칭찬과 마찬가지로 평가형, 설명형, 인정형으로 나눌 수 있다. '형편없다, 흉하다, 엉성하다, 부족하다, 역겹다, 끔찍하다'와 같은 말들은 평가하는 비난이다. "숙제가 아주 형편없구나!" "노력이 부족하잖니?"와 같은 평가형 비난은 학생들에게 유익하지 않다. 교사가 왜 그렇게 생각하는지 학생이 구체적으로 모른다면, 자신의 숙제가 형편없다는 사실만 알았을 뿐 그 이상 어떤 도움도 되지 않는다. 또 무엇이 부족한지를 정확히 모른다면, 자신의 노력이 부족하다는 사실을 알아봤자 별 이득이 없다. 구체적인 이유를 모르고는 아이들은 자신의 잘못을 바로잡을 수도, 그 잘못을 통해 배울 수도 없다.

대신 학생이 해온 숙제가 세 가지 면에서 정확하지 않다고 말한다면, 당신은 학생에게 숙제를 보충하는 데 필요한 정보를 주는 것이다. 맞춤법이 틀린 단어 4개와 마침표를 찍지 않은 문장 2개를 보여준다면, 학생은 당신이 왜 노력이 부족하다고 했는지를 이해할 수 있을 것이다. 교사가 잘못된 점을 지적할 때, 어떤 점이 마음에 들지 않고 그 이유가 무엇인지를 구체적으로 설명하면서 피드백을 한다면, 학생은 그것을 통해 자신에게 유익한 정보를 얻게 된다. 그런데 교사가 평가하듯이 지적만 한다면, 아이는 무엇이 잘못됐다는 것인지 모른 채 막연한 의심만 남을 것이다.

교사가 불쾌감을 표현하거나, 이러저러해주면 고맙겠다는 정보를 주는 것도 학생에게 구체적으로 피드백 하는 또 다른 방법이다. 다음 예들을 보자.

"선생님은 퇴근하기 전에 개수대 청소를 하고 싶지는 않구나. 다음에는 붓을 깨끗이 빨아서 잘 보관하면 고맙겠어."
"다음부터는 왼쪽 상단에 이름을 써주면 고맙겠구나."
"학급문고를 네가 사용하기 전의 상태로 정리해준다면 선생님은 정말 기분이 좋겠어. 책은 책꽂이에 있어야겠지?"

학생들은 교사가 평가하듯이 비난할 때보다, 어떻게 해주면 고맙겠다고 말하거나 무엇이 마음에 들지 않는다고 구체적으로 말할 때 더 잘 받아들인다. 교사가 다음과 같이 말을 했을 때 훨씬 긍정적인 반응을 얻을 수 있을 것이다.

"식당 꼴이 이게 뭐니? 정말 끔찍하구나!"라고 말하는 것보다 "우유팩은 쓰레기통에 있어야 하지 않을까? 선생님은 식당 테이블 위에 다 먹은 우유팩이 그대로 놓여 있는 게 싫구나"라고 말하는 게 낫다. "넌 정말 무례하고 배려심이 없구나"라고 말할 때보다 "선생님은 방해받고 싶지 않구나"라고 말할 때, 아이들의 협조를 더 잘 이끌어낼 수 있다.

학생들은 평가하는 피드백을 대부분 공격으로 받아들인다. 아이들은 교사의 평가가 자신을 직접 겨냥한 것이라 생각하고 마음에 담아둔다. 분노, 저항, 방어하는 마음이 생기기 쉽다. 교사가 학생이 아닌 상황에 초점을 맞추고, 누가 했는지 대신 어떤 일이 일어났는지를 중심으로 얘기를 풀어가는 대화법을 배운다면, 학생들의 기분이 상할 가능성은 줄어들 것이다. 교사는 기준에 부합하는 것과 부합하지 않는 것, 과제에 있는 것과 없는 것, 구체적으로 좋아하는 것과 싫어하는 것을 명확하게 표현하는 언어를 사용해야 한다.

"이 숙제는 미완성이구나. 요점을 요약하지 않았어"라는 말은 숙제에 초점을 맞추고 무엇이 문제인지를 구체적으로 설명한다. 그러나 "숙제를 보니 정말 한심하구나"와 같은 말은 사람에 관심을 집중시킬 뿐 그 이상 학생을 위한 아무런 정보도 주지 않는다.

"지금은 10시 15분이고 벌써 회의가 시작되었어"라는 표현은 상황을 언급하지만 "지각했구나"와 같은 말은 사람에게 화살을 돌린다. "작문을 너무 짧게 했구나"라는 표현은 사람에 초점을 맞추지만, "이 작문은 200단어 이상이라는 요구 조건에 못 미치는구나"와 같은 말은 결과물에 대해 말한다.

이제 당신이 어떤 식으로 학생들의 잘못을 지적하는지 그 말에 귀를 기울여보자. 학생들에게 부정적인 피드백을 어떤 식으로 전달하는지도 유심히 살펴보자.

만약 평가하는 비난이 나오려고 하면 즉시 멈추고 잘못을 지적할 때의 대화법 규칙을 떠올려보자. 상황을 언급하며 구체적으로 설명할 것! 부정적인 피드백의 표현을 바꿔보자. 평가하기보다 학생이 자신의 행동이나 태도를 개선하는 데 교육적으로 도움이 되는 단어들을 선택하자.

2장
자존감을
높이고,
내면의 힘을
키우는 말

우리는 내면의 소리에 귀를 기울이고,

그 소리를 믿는 방법을 배워야 한다.

살아가다 보면 책에서 답을 찾을 수 없는 문제들이 생기기 마련인데,

그럴 때 자기 내면의 소리를 들을 수 있다는 것은 매우 중요하다.

창의성과 유연성을 길러주고, 자존감을 향상시키는 말

다른 답은 또 뭐가 있을까?

"토양 침식을 막을 수 있는 방법을 한 가지 말해보렴."

"물건을 시장에 운송하는 방법을 한 가지 말해보렴."

"베트남 파병에 대해서 어떻게 생각하니?"

"네 생각을 말해줘서 고맙구나. 다른 답은 또 뭐가 있을까?"

위의 표현들은 교실에서 정답과 오답을 나누지 않고 학급 전체에 기여할 수 있는 아이들의 가능성과 중요성을 충분히 인정해준다. 이와 같은 교사의 한마디는 좀 더 포괄적이고 창의적이며 유연한 사고를 장려한다. 뿐만 아니라 학생들의 자존감도 향상시킨다. 이를 '다양한 정답(different right answers)' 전략이라고 한다.

다양한 답을 허용하는 것은 '한 가지 정답'만을 강요하는 것과 정반대다. 한 가지 정답만 요구하는 다음과 같은 질문은 학생들의 자유로운 사고를 억누른다. "콜럼버스는 왜 새로운 땅을 찾아서 항해했을까?" "거미의 다리는 몇 개지?" 이런 질문에 그럭저럭 무난한 대답을 듣는 순간, 학생들의 사고는 정지한다. 그리고 그냥 그게 정답인가 보다고 생각할 뿐 그 이상은 없다.

모든 학생들이 교사의 질문에 답을 찾는 노력을 하게 하려면, 다음과 같이 질문하는 것이 좋다. "콜럼버스가 신대륙에 간 이유에는 어떤 것들이 있을까?" "거미는 다른 곤충과 어떻게 다르지?" 가능성을 열어두고 학습의 폭을 넓히고 싶다면, 다음과 같이 질문해보자. "콜럼버스가 지금 살아 있다면 어떻게 했을지 누가 말해볼까?" "너는 거미의 어떤 점이 흥미롭다고 생각하니?"

교사가 격려하듯이 고개를 끄덕여주거나 대답을 다른 말로 바꿔서 다시 돌려주거나 "다르게 생각하는 사람이 있니?"와 같은 질문을 던지는 등 반응을 보이면, 모든 학생들의 참여를 이끌어낼 수 있다.

다양한 정답 전략은 유연한 사고를 자극해서 창의력을 향상시킨다. 가지각색의 아이디어가 나올 수 있고, 더 많은 가능성이 제기된다. 그리고 혁신에 필수적인 독창적이고 뻔하지 않은 생각들이 장려되고 인정을 받는다. 아이들이 틀리는 것을 두려워하지 않을 때 창의력은 활짝 꽃을 피운다.

자신이 학급에서 가치 있는 구성원이라는 점을 깨달을 때, 누군가가 자신의 의견을 물으며 존중해줄 때, 자신이 낸 아이디어를 무시하지 않고 소중하게 대접해줄 때 학생들의 자존감이 높아진다. 다양한 정답 전략은 학생들이 전문가가 되어 자신의 지식을 공유할 기회를 준다. 교사와 친구들이 자신에게 배울 때, 아이들은 뿌듯함을 느끼고 스스로를 능력 있는 사람이라고 여길 것이다.

다양한 정답 전략은 학생들이 협력해서 문제를 해결할 수 있게 돕는다. 아이들은 하나가 아닌 여러 가지 해결책을 찾는 능력이 발달하고, 다른 사람이 제시한 답을 보고 자신의 생각을 보완하거나 대체하는 방법을 배운다. 그리고 다양한 정답들이 반드시 정반대일 필요는 없으며, 서로 강화하는 효과가 있다는 점도 배운다.

다양한 정답 전략은 학습 효과를 향상시키고 사고를 확장하며 가능성을 열어주는 방법이다. 또한 학생의 자존감과 협동심을 높여주는 방법이기도 하다. 당신 교실에서도 분명 효과가 있을 것이다.

아이에게 스스로의 판단을 믿게 하는 말

내면의 소리에 귀를 기울여봐

교사는 학생들에게 문제의 답을 찾을 수 있는 방법을 가르친다. 사전을 찾아보거나, 전문가에게 물어보거나, 백과사전이나 신문을 활용하는 등 다양한 방법을 알려준다. 또한 도서관을 효과적으로 활용하는 방법도 가르친다. 이처럼 답을 찾기 위해 다양한 자료를 이용하는 법은 가르치지만, 학생들 자신의 마음을 들여다보라고 가르치는 경우는 거의 없는 것 같다.

"내면의 소리에 귀를 기울여봐"라는 대화법은 학생들이 자기 안에서 답을 찾도록 도와준다. 우리 모두의 내면에는 자신에게 가장 좋은 것이 무엇인지를 아는 현명한 목소리, 직관이 있다. 우리는 내면의 소리에 귀를 기울이고, 그 소리를 믿는 방법을 배워야 한다. 살아가다 보면 책에서 답을 찾을 수 없는 문제들이 생기기 마련인데, 그럴 때 내면의 소리를 들을 수 있다는 것은 매우 중요하다.

"오디션 때 어느 부분을 연기해야 할지 모르겠다고?
내면의 소리에 귀를 기울여봐."
"기말 과제를 어떻게 진행해야 할지 모르겠어?

마음의 소리에 귀를 기울여봐."

"반장 선거 때 누구를 찍을지 고민이야?
네 마음을 들여다보렴."

"방과 후에 친구들하고 담배를 피울 작정이니?
네 마음에게 물어봐!"

학창시절은 자신의 능력에 대한 인식이 발달하는 결정적인 시기다. 자신의 지식과 의사결정 능력에 대한 자신감이 필요한데, 이는 학창시절은 물론이고 인생 전반에 걸쳐 영향을 미칠수 있다. 자신의 능력에 확신이 없는 아이들은 무력감을 느끼고, 사소한 결정이든 인생의 중요한 결단이든 자신의 의사결정능력에 대해 불안감을 느낀다. 이런 아이들은 다른 사람에게쉽게 의존해서 내적인 기준이 제대로 발달하지 못한다. 그들은사방팔방에서 답을 구하고 행복을 찾으려 애쓰지만, 정작 자기내면을 들여다보지는 않는다. "네 마음을 들여다보렴"이라는교사의 한마디는 자율성과 자신의 능력에 대한 인식을 일깨워서 아이들이 안심하고 자신감을 갖게 도울 수 있다.

"내면의 소리에 귀를 기울여봐"라는 말은 아이들에게 자신의 판단을 믿으라고 가르친다. 그리고 자기가 원하는 결정을내릴 수 있는 독립적이고 자율적인 개인으로 성장하도록 돕는다. 아이가 자신의 내면의 소리에 대해서 믿음을 갖게 되면,자신을 희생해가면서 다른 사람을 기쁘게 하거나 또래집단의 압력에 순응하여 타협하려는 유혹에 넘어가지 않을 수 있다. 마음을 들여다보는 법을 배운 아이는 자신의 인생에 대해 확신을 얻는다. 결과적으로 담배, 약물, 섹스, 알코올 등에 대해 또래집단의 판단에 의존하거나 휩쓸리는 대신 자기 자신의 판단을 믿게 될 것이다.

먼저 마음속으로 답해보렴

몇몇 학생들은 수업 중 토론을 독점하거나, 재빨리 답을 말해 버리거나, 일등을 놓치지 않으려고 무척 서두르는 모습을 보인다. 혹시 아이들의 이런 태도를 눈치 챈 적이 있는가? 이런 아이들은 첫 번째 발표자가 되고 싶어서 손을 번쩍 든다. 가장 먼저 자신의 이름이 불리길 바라고, 가장 먼저 교사의 인정과 칭찬을 받고 싶어 한다.

반면에 웬만해서는 나서지 않는 다른 학생들은 어떨까? 무슨 생각을 하고 있을까? 학급 토론이 그 아이들에게 도움이 되기는 할까? 손을 들지 않았는데도 이름을 불러야 할까, 아니면 준비되었다는 표시를 할 때까지 기다려줘야 할까? 어떤 학생들의 경우에는 영원히 기다려야 할지도 모르는데, 이럴 때는 어떻게 하면 좋을까?

위와 같은 상황에 대해서 고민해본 적이 있는 교사라면, "먼저 마음속으로 답해보렴"이라는 대화법을 사용해보자. 학생들에게 마음속으로 답해보라고 말하면 그들은 천천히 생각하면서 스스로 답을 궁리한다. 속으로 답을 준비할 시간을 얻게 된 아이들은 대체로 답을 쉽게 포기하거나 다른 것에 관심을 돌리지 않을 것이다.

교사는 아이들이 언어적으로 반응하는 과정을 지연시키는 대신 생각할 시간을 벌게 해주자. 학생들이 마음속으로 답에 대해 생각할 시간을 얻으면 소리 내어 말할 가능성도 커진다. 재빨리 손드는 학생들의 이름을 부르는 패턴을 깨면 예전에는 물러나 있던 학생들이 참여하기가 더 쉬워진다.

"먼저 마음속으로 답해보렴"이라는 말은 빨리 반응하는 것에 큰 가치를 두지 않고, 깊이 있게 충분히 생각한 후에 답을 하도록 이끈다. 특히 이 표현은 생각하는 속도가 다소 느리거나 깊이 생각하는 학생들을 격려한다. 아이들은 창의적인 아이디어를 내고 자신의 생각을 자유롭게 확장할 수 있는 기회를 많이 얻게 된다.

교사가 "먼저 마음속으로 답해보렴"이라고 말할 때는 모든 학생들의 가능성, 모두가 의미 있는 의견을 말할 능력이 있음을 존중하는 것이다. 그리고 학생들이 용기를 내어 답을 말하도록 자극하는 효과가 있다. 호명된 학생이 자기가 생각하는 답을 말하면, 다른 학생들은 자신의 생각과 친구가 말한 답을 비교 또는 대조해볼 수 있다.

다음 교사 연수나 강의 시간에는 당신도 마음속으로 답해보는 연습을 해보길 권한다. 강의자가 질문을 할 때 잘 들었다가, 누군가 호명되기 전에 마음속으로 답할 시간이 충분한지 살펴보자. 충분히 생각할 시간이 주어졌을 때, 소리 내어 답을 말하고 싶은 마음이 커지는지 혹은 반대로 작아지는지 살펴보자. 배우는 사람 입장에서 이 전략이 적합한지 스스로 판단해보자.

용기를 내줘서 고마워!

어떤 아이들은 일어나서 학급 친구들에게 자신의 생각을 발표하는 것보다 말없이 앉아 있는 게 더 쉽다고 생각한다. 또 다른 아이들은 방망이를 휘두르는 것보다는 어깨에 걸치고 가만히 서 있기를 원한다. 선택과목을 고를 때도 어려운 과목에 도전하기보다는 좀 더 쉬운 과목을 신청해서 쉽게 좋은 점수를 받으려는 아이도 있다. 이 세 경우 모두 모험을 할 것이냐 말 것이냐의 문제다.

　많은 학생들이 학교는 모험을 하기에 안전한 장소가 아니라고 생각한다. 받아쓰기 시험, 칠판 앞에 나가 문제 풀기, 공개수업은 아이들에게 공포의 대상이 될 수 있다. 여차하면 창피나 망신을 당할 가능성이 크니 말이다. 처벌, 놀림, 강요된 경쟁은 아이들에게 부정적인 효과를 일으킬 수 있다. 그 결과, 어떤 학생은 확신이 들지 않는 대답은 아예 입 밖으로 꺼내지 않기로 한다. 다른 학생은 어려운 과목은 피하려고 한다. 학교에서 하는 연극에는 참여할 엄두도 못 낸다. 이들은 새로운 것에 도전했다가 실수할 경우, 지불해야 하는 대가가 어쩌다 성공할 경우 받을 보상보다 더 크게 작용하기 때문에 아예 시도

조차 하지 않는다.

"용기를 내줘서 고마워!"라는 말은 학생들이 더 많은 모험을 하도록 격려하는 표현이다. 학생들이 자진해서 답을 말하거나 새로운 활동에 참여하거나 어떤 것이든 자발적으로 시도하는 모습을 보여주었을 때, "용기를 내줘서 고마워!"라고 말해주자. 다음과 같은 다양한 표현이 학생들의 참여를 이끌어내는 데 도움이 될 것이다.

"누가 용기를 내서 도전해볼까?"
"이 문제에 도전하겠다는 용감한 사람이 다섯 명은 나와 주면 좋겠구나."
"쉽지 않은 모험을 했네. 고마워!"
"오늘 용기를 내어 모험해보고 싶은 사람이 있니?"
"모두 용기를 내서 종이에 자신의 생각을 적어보자."

"용기를 내줘서 고마워!" 또는 용감한 도전을 격려하는 다른 표현을 통해 교사는 아이들에게 자신의 가치와 믿음을 보여줄 수 있다. 교실에서 실수하는 것은 당연할 뿐 아니라 용기를 보여준 것은 오히려 칭찬받을 일이며, 도전을 통해 성장하려는 의지를 높이 사겠다는 뜻을 전달한다.

'모험 기록장'은 교사의 언어 패턴을 뒷받침하는 보조수단으로, 학년과 상관없이 모든 학생들에게 모험을 장려할 수 있다.

최근에 한 중학교 수학 교사가 학생들에게 모험 기록장을 사용하는 것을 본 적이 있다. 교사는 새로운 개념을 가르치고 나서, 학생들에게 모험 기록장을 꺼내라고 말했다. 그리고 칠판에 예시를 적은 다음, 아래와 같이 학생들의 도전의식을 북돋우는 말을 했다.

"이제 모험을 한번 해보자. 각자의 모험 기록장에 마음껏 적어보는 거야. 모험을 통해 무엇을 배울 수 있는지 우리 모두 지켜보자꾸나!" 이 교사는 자신의 말과 행동으로 모험의 가치를 인정해주었다. 따로 이름을 붙인 기록장을 이용해 교실에서 모험하는 것에 정당성을 부여했다.

학창시절은 물론이고 인생 전반에 걸쳐 성장과 배움에 꼭 필요한 변화를 일으키고 싶다면, 우리는 익숙하고 안정적인 안전지대에서 벗어나야 한다. 교사는 학생들의 노력을 격려하거나 인정하는 단어를 선택하고 '모험 기록장' 같은 보조수단을 활용하여, 학생들이 용기를 내 안전지대 밖으로 걸음을 내디딜 가능성을 높일 수 있다. 또한 교사 자신도 성장하기 위해 모험을 시도하는 모습을 아이들에게 본보기로 보여줄 수도 있다. 이런 생각이 조금 생소하게 느껴지더라도 일단 한번 실천해보자. 당신부터 모험에 도전해보자.

자기를 긍정하는 믿음을 심어주는 말

너는 참 끈기가 있구나!

예전에는 인간의 지능지수IQ는 변하지 않는다고 믿었다. 아무리 많이 자극하고 교육을 해도 한 번 측정된 수치는 높일 수 없다고 생각했다. 하지만 지금은 지능지수는 얼마든지 변할 수 있으며, 정신적·정서적 환경이나 교육을 통해 지능지수가 상당히 높아질 수 있다는 것을 안다. 그리고 학생의 지능지수가 아무리 높아지더라도 자아개념이 부정적이라면 성공하거나 행복해질 가능성은 크게 변하지 않는다는 것도 안다. 자존감은 지성만큼이나 교육과정에서 중요한 요소로 인생의 질을 좌우하기도 한다. 학생이 자신을 긍정적으로 보느냐 부정적으로 보느냐는 지능지수만큼이나 중요하다는 뜻이다.

학생들은 자기 자신에 대해서 나름의 믿음을 가지고 있다. 다음은 자신에 대해 긍정적인 믿음을 가진 경우다.

"나는 뭐든지 잘할 수 있어."

"나는 운동을 잘해."

"나는 수학을 잘해."

"나는 가치 있는 사람이야."

"나는 엄마 아빠의 소중한 딸(아들)이야."
"나는 창의력이 뛰어나."
"나는 책임감이 강해."

반면에 다음과 같이 자신에 대해 부정적인 믿음을 갖는 아이들도 많다.

"나는 못생겼어."
"나는 뚱뚱해."
"나는 운동신경이 둔해."
"나를 좋아하는 사람은 아무도 없어."
"나는 멍청해."
"나는 잘 못해."
"나는 틀려먹었어."

'나는……'이라는 자아개념은 어린 시절에 형성된다. 유치원 교사들의 말을 들어보면, 5살밖에 안 된 유아도 벌써 '나는……'이라는 개념이 형성되어 있다고 한다. 이렇게 어린 아이들도 자신에 대한 믿음이 이미 굳어진 채 정규 과육과정을 시작하는 것이다. 그런 믿음들 중에는 다음과 같이 긍정적인 역할을 하는 것도 있다. "나는 매력적이야." "나는 음악에 소질이 있어." "내가 원하는 걸 배울 수 있어." 반면에 다음과 같이 자신의 능력을 제한하거나 잘못된 믿음도 있다. "나는 멍청해." "나는 문제아야." "나는 칠칠치 못해."

이렇듯 아이들이 유치원에 다닐 무렵부터 지니게 되는 자신에 대한 믿음은 그것이 긍정적이든 부정적이든 평생에 걸쳐 영향을 미친다. 우리는 이를 '평생믿음(Life Sentences)'이라고 부른다.

평생믿음은 매우 중요하다. 행동은 자신이 믿고 있는 생각에서 나오기 때문이다. 자기는 운동신경이 둔하다고 생각하면 실제로도 그렇게 행동한다. 그런 믿음은 의식 깊숙이 뿌리내리고 있기 때문에 자기는 운동을 잘한다고 생각하는 학생보다 더 잘 넘어지고 미끄러지며 발을 헛디딜 가능성도 크다. 또한 자신은 운동신경이 둔하다고 생각하는 아이는 모든 일을 그 믿음에 맞춰 해석하려 든다. 만일 실수로 우유를 쏟았을 때도 속으로 이렇게 생각할지도 모른다. "또 시작이군. 둔하고 칠칠치 못하기는. 내가 그렇지 뭐!" 시간이 지날수록 아이는 "나는 몸이 뻣뻣해"라는 믿음을 자신에게 증명하려 들 것이다.

생전 처음으로 두발 자전거 타기에 도전하는 아이 두 명을 상상해보자. 한 아이는 "나는 운동을 잘해"라는 긍정적인 평생믿음을 가지고 있고, 다른 아이는 "나는 운동신경이 꽝이야"라는 부정적인 평생믿음을 가지고 있다. 부정적인 평생믿음을 가진 아이는 머뭇머뭇하며 자전거에 접근한다. 시선은 땅바닥에 고정되어 있고, 느릿느릿한 발걸음은 도무지 자신이 없다. 머뭇거리며 조심스럽게 자전거를 만진다. 아이의 몸짓과 행동은 "난 할 수 없어"라고 말하고 있다. 반면, 긍정적인 평생믿음을 가진 아이는 자신감 있게 자전거에 다가간다. 발걸음도 씩씩하고 핸들을 잡는 손에는 힘이 넘친다. 이 아이는 빨리 자전거를 타고 싶어서 야단이다. 처음 타는데도 마치 자전거를 탈 수 있는 것처럼 행동한다.

과연 둘 중에 누가 먼저 자전거 타는 법을 배우게 될까? 자전거 타기와 같은 새로운 기술을 배우는 데 어떤 평생믿음이 더 도움이 될까? "나는 배우는 게 더뎌"라고 믿는 아이와 "나는 빨리 따라갈 수 있어"라고 믿는 아이는 수업시간에 각각 어떤 식으로 반응할까? "나는 리더야" 혹은 "나는 문제아야"라는 평생믿음을 가진 학생에게서는 각각 어떤 행동이 나올까? "나는 능력이 있어"라고 믿는 아이와 "나는 멍청해"라고 믿는 아이 중에서 누가 더 빠르고 쉽게 수학을 배우게 될까? 평생믿음은 자신들이 원하는 방식대로 자기 인생을 만들어가는 데 결정적인 역할을 한다.

어린 시절에 형성된 평생믿음은 일생에 걸쳐 지속될 가능성이 크다. 그러나 교사에게는 그 믿음을 바꿀 수 있는 막강한 영향력이 있다. 유년기나 청소년기에는 평생믿음이 아직 아이들의 의식 속에 깊이 뿌리내리지 않았기 때문에 현명한 교사는 학생들과의 대화를 통해 평생믿음을 바꿀 수 있다.

교사는 거울과 같다. 교사가 학생들을 어떻게 생각하고 있느냐는 거울처럼 학생들에게 그대로 비춰진다. 학생들은 교실에 앉아서 교사에게 비춰진 그 모습을 바라보면서 "아, 내가 저렇구나!"라고 생각한다. 교사가 학생을 어떻게 비추느냐에 따라서 아이의 평생믿음은 긍정적이든 부정적이든 강화될 수도 있고, 약화될 수도 있다.

아동심리학자인 데이비드 엘킨드David Elkind는 학창시절 음악시간에 부정적인 평생믿음을 갖게 된 경험에 대해 얘기한 적이 있다. 음악선생님은 뮤지컬 연습을 시키고 있었다. 선생님은 갑자기 손가락으로 어린 데이비드를 똑바로 가리키며 말했다. "데이비드, 너는 입만 뻥긋뻥긋 하는구나!" 그날 이후로 데이비드는 "나는 노래를 못 해"라는 믿음을 갖게 되었다. 교사의 언어 선택은 학생들이 가진 평생믿음에 긍정적으로든 부정적으로든 영향을 미칠 수 있다. 다행히도 다른 선생님이 어린 데이비드에게 "너는 글쓰기에 소질이 있구나"라고 말해주었다. 그 한마디가 "나는 글을 잘 써"라는 평생믿음을 갖는 데 크게 기여했다.

최근 한 4학년 교사가 학생과 다음과 같이 대화하는 모습을 봤다.

교사 : 너는 참 끈기가 있구나!
학생 : 선생님, 끈기가 뭐예요?
교사 : 끈기는 네가 구구단을 배울 때 보여준 모습과 비슷한

거야. 너는 지난 주말에 6단을 외우기 시작해서 월요일 밤에
도 연습하고, 화요일 밤에도 수요일 밤에도 열심히 연습했
지? 그러고는 목요일에 구구단 시험을 통과했잖아. 너처럼
원하는 결과를 얻을 때까지 꾸준히 노력하는 것, 그게 끈기
란다."

학생 : 아, 그렇구나. 나는 정말 끈기가 있구나!

교사는 아이들의 어떤 행동에 주목할지, 무엇을 얘기하고 무
엇을 강조할지를 매 순간 선택해야 한다. 아이들이 협동을 잘
하는지 아닌지 그 증거는 교실에서 그대로 드러난다. 책임감
있게 행동하는지 무책임한지, 서로 돕고자 하는지 아닌지 짐
작할 수 있다. 이런 순간 교사는 어떤 점에 주목할 것인지, 무
엇에 대해 얘기하고 어떤 모습을 거울로 비춰서 아이들에게
보여줄지를 선택해야 한다. 그리고 이런 선택은 매우 신중해
야 한다. 그래야만 아이들에게 긍정적인 평생믿음을 심어줄
수 있기 때문이다.

운이 좋네!

우리가 사용하는 말에는 행운을 뜻하는 표현이 많다. 그 중에는 '행운, 기회, 우연'과 같은 단어도 있고, '재수 없어, 불운의 연속이야, 예상치 못한 일이야, 이건 운명이야'와 같은 표현도 있다.

학생들에게 운과 관련된 말을 자주 하면, 운이 아이들의 삶에 미치는 힘을 지나치게 과장할 수 있다. 그런 표현은 학생들의 자의식을 약하게 만든다. 성공과 실패의 원인을 외부의 힘(운)에 돌리게 하고, 원인과 결과를 불분명하게 하며, 성공을 거두어도 자신의 역할을 인정하지 않게 만든다.

여섯 살인 샐리는 20분 동안 열심히 블록으로 탑을 쌓고 있었다. 몇 번의 시행착오 끝에 아이는 자신의 기대보다 훨씬 더 멋진 탑을 완성했다. 신이 난 샐리는 선생님에게 자신이 만든 탑을 자랑스럽게 보여주었다. 그런데 교사는 샐리의 끈기, 균형감각, 노력을 칭찬할 기회를 그냥 지나쳐버렸다. 그저 대견하다는 듯 고개를 끄덕이며 한마디 했을 뿐이다. "탑이 안 무너지고 여태 서 있다니, 운이 좋구나!"

찰스는 사흘 동안 밤늦도록 시립도서관에서 자료조사를 했다. 기말 리포트에 참고할 만한 자료를 찾느라 정기간행물을 뒤지는 데 무려 열 시간을 쏟아 부었다. 찰스가 새로운 자료를 다섯 가지나 발견했다고 자랑스럽게 말했을 때, 영어 교사는 이렇게 대꾸했다. "도서관에서 완전 땡잡았네!"

'타이밍이 딱 맞아떨어졌네, 넌 운이 술술 풀리는구나, 그런 기막힌 우연이 다 있다니, 뜻밖에 횡재를 했구나'와 같은 표현도 모두 행운을 암시한다. 그러나 이런 말들은 학생들에게 준비성, 실력, 노력, 인내심의 가치를 소홀히 여기게 만든다. 자신들이 가진 능력을 인정하는 대신 모든 것을 운명이나 행운, 우연에 맡기려고 한다.

삶의 여정에는 좋은 일과 나쁜 일이 번갈아가며 나타나는 것처럼 보인다. 하지만 그렇게 보이는 진짜 이유는 '제대로 준비했는지 아닌지, 실력이 탄탄한지 엉성한지, 다양한 대안을 준비했는지 못 했는지, 기회가 왔을 때 잡았는지 무시했는지'에 따른 결과 때문이 아닐까?

성공은 학생들이 기회를 얼마나 포착하느냐, 어떤 기회가 유리한지를 제대로 판단하느냐, 충분한 기술과 준비를 갖추었느냐에 달려 있다. 이제 교사는 행운과 관련된 말을 사용하는 대신 학생들이 자신의 삶 속에서 자신만의 능력, 자립심, 자제력을 발견할 수 있도록 이끌어주자.

넌 어떻게 할 거니?

다음의 문장에는 바람직하지 못한 자신의 행동을 바꾸고 싶어하는 아이들의 솔직한 마음이 담겨 있다.

"친구를 더 이상 때리지 않을 거예요."
"다시는 수업에 늦지 않을게요."
"수업시간에 쪽지를 돌리지 않을게요."

교사는 학생들의 긍정적인 생각을 긍정적인 행동으로 옮기게 도울 수 있다. 학생들에게 대안을 생각해서 입 밖으로 말하게 하면 된다. "넌 어떻게 할 거니?"라고 질문하면, 아이들은 '하지 않을 것(친구를 때리는 것, 수업시간에 늦는 것, 쪽지를 돌리는 것)'에서 '할 것'으로 관심의 초점을 옮긴다.

"친구를 더 이상 때리지 않을 거예요" 또는 "다시는 수업에 늦지 않을게요"와 같은 말은 학생들이 곤란한 상황에서 벗어나기 위해 쉽게 내놓는 대답일 수 있다. 한편 "넌 어떻게 할 거니?"라고 물으면 학생들은 잠시 멈추고 긍정적인 행동에 대해 생각하게 된다. "~하지 않을 거예요"라는 쉬운 대답 대신, 도움이 되는 대안들을 더 진지하게 고민한다.

"넌 어떻게 할 거니?"라는 대화법은 교사가 책에서 소개하는 여러 대화법들을 교실에서 실행할 때 스스로에게 던질 수 있는 질문이기도 하다. 학생들을 대하는 자신의 언어가 낡은 패턴에 갇힌 느낌이 들 때, 자신의 생각과 의도를 명확히 하기 위해 스스로에게 질문을 던져보자. 어떻게 할 것인지 진지하게 궁리하는 동안, 교사의 언어 패턴은 조금씩 달라지기 시작할 것이다.

마치 ~인 것처럼 행동해봐

교사는 학생들이 뭔가를 배우려고 할 때 "난 못 하겠어요!"라고 말하는 것을 종종 듣는다. 아이들은 자신이 할 수 없다고 생각하고, 그렇게 믿고, 절대로 할 수 없는 것처럼 행동한다. 심지어 할 수 없는 것처럼 말하기도 한다. 그래서 교사는 "못 하겠어요!"라는 말을 항상 들어야 한다.

"전 그거 못 해요."
"못 알아듣겠어요."
"못 하겠어요."

학생이 푹 숙이고 있던 고개를 들고 "못 하겠어요"라고 말하면 당신은 어떻게 반응하겠는가? 많은 교사들은 "넌 분명히 할 수 있어. 자, 다시 한 번 해보자"라고 대응할 것이다. 교사는 학생들이 노력하기만 하면 자기도 할 수 있다는 것을 스스로에게 증명하게 될 거라고 믿는다. 논리적인 말처럼 들리지만 실제로 효과는 없다. 이런 교사의 말에 학생들은 "노력하고 있어요"라고 답한다. 교사도 학생도 사실은 '노력이 별 효과가 없다'는 것을 깨닫지 못한 것이다. 노력이 아니라 실제로 해야 효과가 있다. '노력한다'는 말은 포기하기 위한 변명으로 사용될 때가 많다. 노력하느라 바쁜 사람이 실제로 하느라 바쁜 것은 아니다.

그러니 앞으로는 "마치 ~인 것처럼 행동해봐"라는 표현을 사용해보자. 이 대화법은 학생들이 노력만 하는 게 아니라 진짜로 하게 만든다. 학생이 푹 숙이고 있던 고개를 들며 "못 하겠어요"라고 징징거리거든 "자, 다시 한 번 해보자"라고 하지 말고, "마치 ~인 것처럼 행동해봐"라고 말해보자. 그러고는 한 발 뒤로 물러서서 아이에게 어떤 일이 일어나는지 지켜보자. 아마 대부분의 학생들은 "난 못 하겠어"라는 자세를 버리고 실제로 행동하기 시작할 것이다.

저학년이나 유치원생에게는 비슷한 표현이지만 "~인 척해봐" 또는 "~할 수 있는 것처럼 행동해봐"라는 말이 효과가 있다. 한 유치원 교사는 이 표현들을 번갈아가며 사용하는데, 실제로 학생들이 행동하기 시작했다고 한다.

한 중학교 과학 교사가 이 대화법에 대해 다음과 같이 이야기한 적이 있다. "실험을 하던 두 학생이 뭐가 제대로 안 되는지 안절부절못하기에 다가갔어요. 아이들은 다음 과정을 어떻게 해야 할지 모르겠다며 투덜거렸어요. 그래서 물었어요. '만일 방법을 안다면 어떻게 할 것 같니?' 아이들이 뭐라고 대답을 하자 다시 말했어요. '그럼, 마치 방법을 아는 것처럼 해봐!' 아이들은 그대로 했고 막힌 부분이 풀리자 실험을 계속 진행할 수 있었어요. '마치 ~인 것처럼 행동해봐' 대화법의 효과가 정말 놀라웠어요."

고등학교 외국어 교사는 학생 한 명이 기말고사 직전에 크게 당황했던 일을 들려줬다. 학생은 포크댄스를 막 시작하려는 순간에 스텝을 기억해낼 수 없어서 그만 발이 얼어붙었다. 교사는 다정하게 어깨를 두드리며 "할 수 있는 척해봐"라고 말했다. 그러자 기특하게도 학생은 '마치 할 수 있는 것처럼' 다시 자세를 가다듬었고, 스텝을 기억해냈다.

"마치 ~인 척해봐"라고 말하든 "~할 수 있는 척해봐"라고 말하든, '마치 ~할 수 있는 것처럼 행동해봐'라는 대화법은 모두 같은 결과를 이끌어낸다. 학생들은 노력만 하는 것이 아니라 실제로 행동하기 시작한다. 교사는 거기서부터 아이들의 행동을 바로잡아주거나 지도하거나 바람직한 행동으로 이끌어줄 수 있는 피드백이 가능해진다.

물론 학생들에게 "노력해봐"라고 말해서 결과를 얻어낼 수도 있겠지만, "마치 ~할 수 있는 것처럼 행동해봐"라고 말하는 게 성공할 가능성이 훨씬 더 높다. '노력'이란 단어는 힘겨운 수고를 암시하지만 '~처럼 행동한다'는 말은 재미있고 덜 심각하고 유쾌해서 아이들의 스트레스를 줄여주기 때문이다. 어떤 학생들은 노력하는 것 자체를 주저한다. 노력했는데 성공하지 못하면 실패라고 생각하기 때문이다. 그러나 '~인 척'

하거나 '~인 것처럼 행동'하는 것은 원하는 대로 되지 않더라도 망신을 당한다거나 실패라는 딱지가 붙지 않는다.

"마치 ~인 것처럼 행동해봐"라는 대화법은 교사의 삶에도 변화를 가져다줄 수 있다. 교실에 더욱 활기가 넘치기를 원하는가? 그렇다면 교사부터 활기가 넘치는 것처럼 행동하자. 보다 긍정적인 방법으로 아이들을 이끌어주는 교사가 되고 싶은가? 그렇다면 자신이 긍정적인 것처럼 행동하자. 책에서 소개하는 '교실 대화법'을 효과적으로 사용하고 싶은가? 그럼 마치 그렇게 할 수 있는 것처럼 행동하자.

제일 마음에 드는 두 가지에 동그라미를 쳐봐

우리는 초등학교 2학년 교실 뒤쪽에 앉아서 학생들이 글자 쓰기 연습을 하는 것을 바라보고 있었다. 연습이 다 끝날 때쯤, 아이들이 글자를 연습한 종이에는 M자가 여러 줄 채워져 있었다. 그때, 담임교사가 교실 앞쪽으로 걸어 나갔다. 이제 활동이 다 끝났다고 생각했는데 그게 아니었다.

그때부터 글자 쓰기를 배우는 것만큼이나 중요한 수업이 이어졌다. 담임교사는 다음과 같이 말했다. "1분 후에 연습한 종이를 걷을 텐데, 그 전에 너희들이 쓴 글자를 다시 유심히 살펴보렴. 하나도 빠짐없이 살펴보는 거야. 그 중에서 가장 잘했다고 생각되는 것 두 개를 골라서 동그라미를 쳐봐. 제일 맘에 드는 두 가지에 동그라미를 치렴."

담임교사의 말이 이어졌다. "이제 다시 종이를 살펴보자. 이번에는 잘 쓰지 못한 글자 두 개를 골라봐. 다음에 더 잘 쓰고 싶은 글자 두 개를 골라서 그 아래 밑줄을 긋는 거야. 선생님은 너희들이 자기가 쓴 글자를 어떻게 생각하는지 알고 싶단다." 담임교사는 학생들이 종이에 표시할 시간을 1분 주었다. 그러고 나서 종이를 걷었다.

학생들이 다른 활동으로 넘어갔지만, 우리는 방금 본 광경에 대해 생각하고 있었다. 담임교사는 7~8세밖에 안 된 학생들에게 자기 평가를 경험할 기회를 줬다. 그런 식으로 학생들이 자신의 내적인 기준을 발달시키고 평가자의 역할을 연습하면서 학습에 대해 주도권을 가질 수 있게 도와주었다.

대부분의 교실에서 빨간 펜을 휘두르는 사람은 교사다. 학생들은 과제를 하는 것은 자신의 책임이지만 과제에 대한 평가는 교사의 몫이라고 생각한다. 이러한 역할의 차이를 받아들인 학생들은 스스로 기준을 세워서 그 기준에 부합하게 과제를 수행할 기회를 포기한다. 그래서 자신이 한 과제를 다시 읽어본다거나, 다시 쓸 생각이 없다.

대신 학생들에게 자기 평가를 해보는 기회를 준다면, 아마도 자신이 제일 잘한 결과물을 선택해서 본보기로 삼을 수도 있다. 이런 식으로 교사는 학생들이 자기 작업에 대한 개인적인 기준을 발전시키고, 어떤 결과물이 좋은지를 스스로 결정할 수 있는 능력을 길러주는 것이다. 학생들이 그러한 기준을 내면화하고 평가하는 일도 자신의 역할이라는 것을 인식하기 시작하면, 과제를 할 때도 그 기준을 염두에 두고 스스로 평가해서 수정해나갈 것이다.

물론 교사의 역할 중에도 학생들의 성과와 노력을 평가하는 것이 들어 있다. 평가자로서 교사의 역할을 저버리라고 말하는 것이 아니다. 그 역할을 확장해서 학생들이 자신을 평가하는 법을 배우게 도와주라는 것이다. 다음에는 학생들이 작업한 종이를 걷기 전에, 자기 평가를 경험할 수 있게 어떻게 도와줄 수 있을지 자문해보자. 당신이 했던 노력을 수첩에 기록하고, 10개가 되면 우리에게 복사본을 보내주기 바란다. 제일 맘에 드는 것 두 가지에 동그라미를 쳐서 말이다.

남자 한 줄, 여자 한 줄로 서보자!

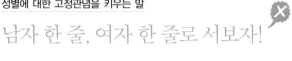

한 교사는 토론 분위기를 활기차게 만드는 데 관심이 많았다. 초등학교 3학년 학생들에게 물었다. "남자와 여자 중에 누가 더 똑똑할까?" 그러자 안나가 혼란스러운 표정으로 질문했다. "어떤 남자요? 어떤 여자요?"

안나는 아직 남자와 여자의 지능에 대해 일반화된 생각을 가지고 있지 않다는 것을 보여준다. 안나는 성 역할과 남녀에 대한 고정관념에 치우치지 않고 개개인의 고유한 성격에 관심을 기울이고 있다.

　교사는 안나의 질문을 받고 기뻤다. 성 역할에 대한 고정관념이 갖는 위험뿐 아니라, 나이에 상관없이 모든 아이들의 사고를 제한하고, 성 역할에 대한 고정관념이 아이들끼리의 유대감이나 친밀감을 약화시킬 수 있다는 것도 알고 있기 때문이다. 그래서 성에 대한 일반화를 부추기지 않는 교실 환경을 만들기 위해 노력하고, 자신이 사용하는 언어도 늘 점검한다.

　교사는 무심결에 남녀에 대한 고정관념을 부추기는 언어를 사용할 때가 있다. 예를 들면 "남자 한 줄, 여자 한 줄로 서보자!"와 같이 말할 수 있다. 이런 표현은 학생들을 그룹으로 나누는 간단한 방법처럼 보이지만, 실은 미묘한 성 구분의 시작이다. 아이들은 이런 말을 들으며 처음으로 성이 구분되어 있음을 알게 된다.

아이들은 일찍부터 성별을 인식한다. 학교에 들어갈 무렵에는 이미 '나는 남자다 혹은 나는 여자다'와 같은 인식이 강하게 자리 잡고 있다. 교사가 성별에 따라 줄을 서라고 요구할 때, 아이들은 다른 생각을 할 필요 없이 반사적으로 움직인다. 그런데 교사가 다양한 기준을 제시하면, 아이들은 생각할 거리가 생긴다.

교실에서 아이들을 나누거나 그룹을 지을 때는 성별이 아닌 다른 기준을 적용해보자.

"물 마시는 것은 빨간 옷 입은 사람부터 줄을 서보자."
"끈 달린 신발을 신은 사람만 숙제를 꺼내보자."
"키가 150센티미터 이상인 사람은 홀수 질문에, 150센티미터 미만인 사람은 짝수 질문에 답해보자."

위와 같은 대화법은 그룹을 나누거나 아이들 사이의 공통점을 보여주거나 개념을 가르치는 데도 유용하다. 상상력이 풍부한 교사라면 일상에서 이와 같은 표현을 활용하여 색깔 구별, 수학적 개념, 사고 능력을 통합적으로 가르칠 수도 있을 것이다.

교사들이 사용하는 표현 중에 성 역할에 대한 고정관념을 강화하는 것은 이뿐만이 아니다. 최근에는 한 학교의 교장이 5학년 교사에게 다음과 같이 물었다고 한다. "식당에 있는 테이블을 옮겨야 하는데, 남학생 두 명만 보내주겠어요?" 눈치 빠른 교사는 아이들에게 윙크를 하고 대답했다. "힘이 센 5학년 아이들 네 명을 바로 보내드릴게요." 그리고 남학생 두 명과 여학생 두 명을 뽑았다.

학생들의 역할을 나누거나 심부름을 부탁할 때는 좀 더 주의를 기울여야 한다. 가구를 옮기거나 청소함에서 대걸레를 가져오는 정도의 힘쓰는 일은 남학생이나 여학생 모두 감당할 수 있다. 책상을 닦거나 화분에 물주는 일도 마찬가지다. 교사는 대화법을 활용하여 심부름을 하는 데 남녀 성별은 크게 상관이 없으며, 남학생이나 여학생 모두 다양한 상황을 처리할 수 있는 능력이 있다는 사실을 확실하게 알려줘야 한다.

빌이 쉬는 시간이 끝나고 땀과 흙으로 범벅이 되어 교실로 들어오자, 교사는 다정하게 말했다. "빌, 너는 진짜 사나이구나!" 교사는 씩씩하고 활동적인 성격을 기특하게 여겨 말했지만, 남자는 씩씩하게 행동하고 여자는 얌전하게 행동해야 한다는 기대를 무심코 드러내고 말았다. "넌 진짜 사나이구나"와 같은 말은 별 도움이 되지 않을 뿐 아니라, 사실도 아니다. 빌은 '진짜 사나이'가 아니다. 이 세상에 완전히 남성적이거나 완전히 여성적인 사람은 없다. 우리 모두는 남성적 특징과 여성적 특징을 제각각 가지고 있다. 그러니 중요한 두 가지 특징을 인식하고 그 둘을 균형 있게 발달시켜야 한다. 교사가 빌에게 한 말은 이런 노력에 도움이 되지 않는다.

최근 한 중학교의 축구 코치가 유난히 힘들었던 연습 시간에 대해 얘기하는 것을 들었다. 그 코치는 연습 중에 세 번이나 싸움이 일어났다는 이야기를 하면서 미소 지었다. 그러고는 "사내 녀석들은 사내 녀석들이에요"라고 말했다. 이 한마디는 성 역할에 대한 코치의 태도를 단적으로 보여주었다.

"사내 녀석들은 사내 녀석들이에요"라는 말에는 이중적인 기준이 들어 있다. 남학생에게 적절한 행동들이 있고, 여학생에게 적절한 행동들이 있다는 말이다. 이를테면, 치고 때리는 행동이 한 성별에 적절한 것으로 간주되면, 남녀 모두가 피해를 입는다. 여학생에게는 타당한 이유 없이 더 엄격한 행동 기준을 요구하고, 남학생에게는 바람직한 소통 능력을 배우고 성숙하게 문제를 해결하는 능력을 발달시킬 수 있는 기회를 빼앗는 것이다.

"숙녀처럼 행동해야지!"와 같은 말도 도움이 되지 않는다. 아동발달 이론에 따르면 아동기에는 무한한 에너지와 호기심을 보이는데, "숙녀처럼 행동해야지"와 같은 말은 발달 특성을 방해한다. 여자아이가 아동기의 성장 단계와 자아 발달 과정에 따라 편안하고 자연스럽게 행동하면 어른들로부터 훈계를 듣고 벌을 받는다. "숙녀처럼 행동해야지"와 같은 메시지를 내면화하면, 또래 남자아이가 누리는 많은 경험과 기회를 놓치게 된다. 성 역할에 대한 고정관념을 심어주는 대화법은 아이들의 교육에도 차질을 가져온다.

앞서 언급한 성차별적인 표현들은 아이들의 발달을 제한하고, 막 형성되기 시작하는 자아와 개성을 부정한다. 또 아이들 개개인의 고유성을 무시하는 일반화된 기준에 따라 틀에 박히고 차별적인 행동을 강요한다.

당신의 언어생활에서 '남자가 어떻고, 여자가 어떻고'와 같은 성을 구별하는 말이 불쑥불쑥 튀어나오지는 않는지 유심히 살펴보자. 그런 말을 하는 자신을 발견하거든 즉시 멈추고, 성별과 상관없이 개개인을 존중하고 지지하는 단어를 사용하도록 하자.

한 걸음 한 걸음씩

인간의 발달은 끊임없이 직면하는 과제를 달성하면서 이루어지는 성장 과정이다. 신체적인 차원에서 보면 우리는 걷기 전에 기는 법을 배우고, 뛰기 전에 걷는 법을 배운다. 각 단계는 많은 연습과 시행착오를 거쳐야 한다. 성장은 순차적, 연속적, 점차적으로 이루어지며 조금씩 조금씩, 한 걸음씩 한 걸음씩 일어난다.

그러나 학생들은 인간이 한 번에 한 걸음씩 성장한다는 것을 이해하지 못할 때가 많다. 아이들은 손가락이 글씨를 쓸 수 있도록 숙련될 때까지 기다리지 못한다. 처음부터 거대한 프로젝트에 달려들었다가 그 엄청난 무게에 눌려 좌절한다. 주어진 과제를 완성하기 위해 성급하게 돌진하지만 최종 결과물이 자신이 기대했던 만큼 완벽한 수준에 미치지 못한다는 사실을 알게 된다. 또 다른 친구가 하는 것을 유심히 지켜보고는 자신은 결코 그 정도 수준에 이르지 못할 거라고 결론을 내린다. 이런 학생들에게는 인간의 발달 과정을 잘 이해하고 있는 교사의 도움이 필요하다. 아이들이 지금 딱 맞는 발달 단계를 거치고 있으며, 많은 지원과 격려를 통해서 자연스럽게 다음 단계로 넘어갈 것이라는 사실을 알고 있는 교사가 필요하다.

교사가 어깨를 토닥이며 부드러운 목소리로 "한 걸음 한 걸음씩 하는 거야!"라고 말해주면, 학생이 긴장을 풀고 현재 자신의 능력을 편하게 받아들이는 데 도움이 된다. "한 번에 한 걸음씩 해보자"라는 말로 큰 목표는 여러 개의 작은 목표로 나눌 수 있다는 개념을 가르쳐보자. 다정한 미소와 함께 건네는 "조금씩 차근차근 해보렴"이라는 교사의 격려는 학생들의 좌절감을 줄일 수 있다.

"한 걸음 한 걸음씩"과 비슷한 의미를 지닌 말들은 아이들의 스트레스를 줄여주고 배움을 즐기게 해준다. 이런 대화법은 결과 지향적으로 완성을 향해서만 돌진하는 학교의 속도를 늦추고, 배움의 과정을 더욱 강조한다. "한 걸음 한 걸음씩"이라는 말은 아이들이 프로젝트를 만들어가는 과정을 즐길 수 있게 한다. 진흙을 가지고 무엇을 만들지 계획하고 실행하는 과정에서 발휘되는 창의력이 완성된 그릇만큼이나 가치가 있다는 사실을 아이들에게 가르쳐준다.

"한 걸음 한 걸음씩"이라는 말은 아이들이 시행착오를 되풀이하고, 훈련을 반복하고, 모험을 감수하도록 격려한다. 긴장을 풀고 편안한 마음으로 배움의 과정을 즐길 수 있게 해준다. 아이들은 놀이하듯이 과제를 즐기고, 과제에 대해 이야기를 나누는 여유도 누린다. 배움이란 한 번에 한 걸음씩 이루어지며, 각자의 방식대로 꾸준히 발전해 나간다는 사실을 아이들이 이해할 때, 배우는 과정을 즐기고 작은 성과에도 기쁨을 누릴 수 있을 것이다.

3장

감정을
표현하는 방법을
가르치는 말

화난 학생들에게 사과를 강요하는 것은 바람직하지 않다.

아이들에게 자신의 감정을 부정하라고 가르치는 셈이기 때문이다.

교사는 학생들이 감정을 솔직하게 경험하게 해야 하고,

문제를 해결하고 마음이 편안해질 수 있도록

책임감 있게 자신의 감정을 표현하는 법을 가르쳐야 한다.

아이의 진정한 가치를 보지 못해서 하는 말

너의 그런 행동은 정말 지겨워

"너의 그런 행동은 정말 지겨워"라는 말은 '그런 행동이 싫어'라는 메시지를 전달하기 위해서 하는 말이다. 교사가 학생의 행동 때문에 기분이 좋지 않으니 행동을 바꿔줬으면 좋겠다는 신호다. 하지만 교사는 "너의 그런 행동은 정말 지겨워"라고 말하기 전에 자신이 그동안 아이를 어떤 시각으로 바라보았는지 자신의 마음부터 돌아봐야 한다. 이제까지와는 다른 시각으로 학생들을 바라볼 수 있을 것이다.

우리 모두는 저마다 각자의 방식으로 사물이나 상황을 바라본다. 다음의 예가 이를 단적으로 보여준다.

최근에 협동학습모형 시범수업을 참관하던 교사들을 관찰할 기회가 있었다. 교사들은 모두 같은 수업, 같은 학생들의 같은 반응 그리고 같은 결과를 지켜봤다. 그러나 보고한 내용은 저마다 달랐다. 수업 분위기에 대해 어떤 교사들은 일부 아이들이 시끄럽게 떠들었다고 했지만 다른 교사들은 의미 있는 웅성거림이라고 받아들였다. 어떤 교사들은 무질서하고 혼란스러웠다고 했지만, 다른 교사들은 수업체계 안에서 학생들이 자유로웠다고 했다.

교사들이 같은 수업을 각자 다르게 본 이유는, 사람은 단순히 눈으로만 보지 않기 때문이다. 우리는 저마다 자신의 신념, 가치관, 생각, 태도, 살아온 경험이라는 여과장치를 통해서 바라보고 그것을 자기만의 독특한 방식으로 해석한다.

이런 현상은 우리가 무엇을 보든지 항상 나타난다. 우리는 눈에 보이는 모든 것에 우리 내면을 투영한다. 누군가에게는 행복했던 하루가, 누군가에게는 힘겨운 하루가 될 수도 있다. 하지만 분명 똑같은 하루였다. 어떤 교사는 말썽쟁이로 보는 학생을 다른 교사는 리더의 자질이 있다고 본다. 역시 똑같은 학생이다. 우리가 사람이나 사물을 어떻게 보느냐는 실제로 눈에 보이는 모습보다 우리의 내면을 더 많이 보여준다. 우리의 신념, 삶의 태도, 가치관을 보여주고 이러한 내면이 어떻게 겉으로 드러나는지를 보여준다.

인식이란 일종의 선택이다. 교사가 학생들을 어떻게 바라보느냐는 시시각각 변한다. 인식은 얼마든지 변할 수 있고, 교사 스스로 통제할 수도 있다. 학생의 행동을 말썽으로 볼 수도 있고, 도움을 요청하는 몸짓으로 볼 수도 있다. 시험시간에 커닝하는 학생을 교사를 속이는 거짓말쟁이로 볼 수도 있고, 정답보다 배움 그 자체가 더 소중하다는 것을 아직 모르는 철부지로 볼 수도 있다. 말이 많은 아이를 수다쟁이로 볼 수도 있고, 사회성을 기르려고 애쓰는 아이로 볼 수도 있다.

교사가 어떻게 인식하느냐는 매우 중요하다. 교실에서 일어나는 일을 교사가 어떻게 바라보느냐에 따라서 대응하는 방식이 달라지기 때문이다. 교사가 시험시간에 커닝하는 아이를 문제아로 본다면, 그 아이를 야단치거나 벌할 가능성이 크다. 그러나 정답을 맞히는 것보다 개념을 이해하는 것이 더 중요하다는 것을 가르칠 기회로 본다면, 문제를 해결하기 위해 다른 행동을 할 것이다. 교사가 조별 과제를 힘겨워하는 학생들을 무능하다고 여기면, 문제를 대신 해결해주거나 학생들의 과제를 중단시키는 식으로 끼어들려고 할 것이다. 그러나 조원들이 서로 협력하는 것을 배울 기회로 여긴다면, 교사는 상황만 정확하게 알려주고 문제해결은 학생들에게 맡겨 아이들의 상호작용을 유도할 가능성이 크다.

"이런 행동은 꼴도 보기 싫어" 또는 "너의 그런 행동은 정말 지겨워"와 같은 말이 나오려고 하면, 교사는 경고로 받아들여야 한다. 교사가 학생들을 부정적인 시각으로 보고 있다는 신호이기 때문이다.

교사는 행동만 보고 학생을 단정할 때가 많다. 그리고 말썽꾸러기, 거짓말쟁이, 투덜이, 느림보, 문제아와 같은 꼬리표를 붙인다. 학생들에게 도움이 되기 위해서는 아이의 행동 너머에 있는 본성을 보는 법을 배워야 한다.

말썽꾸러기는 단지 말썽을 피우는 행동을 하고, 거짓말쟁이는 거짓말을 하고, 싸움대장은 싸움을 하고 있을 뿐이다. 그 행동이 아이들의 진정한 모습은 아니다. 단지 행동일 뿐이다.

사람은 행동으로 보여주는 것보다 훨씬 더 큰 존재다. 우리는 누구나 어떤 행동을 하든 상관없이 존재 자체만으로도 소중하다. 아무리 바보 같은 행동을 하더라도, 사람은 누구나 사랑받고 싶고 인정받고 싶어 한다.

교사가 아니면 누가 학생들의 행동 너머에 있는 숨은 의미를 볼 수 있겠는가? 교사가 아니면 누가, 학생이 아무리 말썽을 피워도 그 아이 안에 빛나는 가치를 끄집어내어 말해줄 수 있겠는가?

"이런 행동은 꼴도 보기 싫어"와 같은 교사의 대화법은 교사가 학생의 진정한 가치를 제대로 보지 못하고 있음을 보여준다. 말을 입 밖으로 내뱉든 속으로만 생각하든, 교사는 자신이 학생들을 어떻게 인식하고 있는지 돌아볼 때가 된 것이다. 자신에게 물어보자. "나는 이 상황을 어떻게 보고 있지?" "내가 지금 이 아이를 어떻게 보고 있지?" 스스로 찾은 답이 마음에 들지 않거나 잘못되었다는 생각이 든다면 도움을 청하라.

자신에게 집중해서 조용히 내면을 들여다보자. 마음을 어루만지면서 그 안에 어떤 생각이 들어 있는지 느껴보자. 그리고 물어보자. "아이를 다르게 바라볼 수는 없을까? 다른 뭔가가 있지 않을까? 다르게 보려면 어떻게 해야 할까?"

당신 마음에 드는 방법을 찾아보자. 교사 자신도 평화롭고 안심할 수 있으며, 모든 학생을 존중하고 받아들일 수 있는 새로운 시각으로 보도록 노력하자.

"이런 행동은 꼴도 보기 싫어"와 같은 말이 나오려고 하면, 잠시 마음을 가다듬고 진지하게 자신을 돌아보자. 학생들에게는 변화를 요구할 수도 있고 아닐 수도 있지만, 당신 자신에게는 변화를 요구하라. 아이들을 바라보는 당신의 시각이 마음에 들지 않는다면, 과감하게 다른 방식을 찾아보자.

방금 그 말은 마음에 안 드는구나. 화가 났다면 다른 식으로 말해줄래?

학생들이 교사에게 막말을 할 때가 있다. "선생님은 진짜 어설 퍼요"와 같은 말로 가볍게 공격하거나, "너무 한심해요!"와 같 은 말로 교사를 판단하기도 한다. "장난하세요?"라고 말하며 빈정대기도 한다.

어떤 형태의 말이든 교사는 아이들의 막말에 효과적으로 대 처할 수 있어야 한다. 아이가 막말을 던질 때, "방금 그 말은 마음에 안 드는구나. 화가 났다면 다른 식으로 말해줄래?"와 같이 노련하게 반응할 필요가 있다. 이런 대화법은 교사 자신 도 학생도 존중한다는 뜻을 전달한다.

"방금 그 말은 마음에 안 드는구나. 화가 났다면 다른 식으로 말해줄래?"와 같은 대화법에서 교사가 실제로 전달하는 메시 지는 다음과 같다. "선생님은 나 자신을 존중하기 때문에 그런 말을 듣고 싶지 않구나. 선생님을 한 인간으로 존중하면서 네 생각과 감정을 표현해주면 좋겠어." 이러한 의사소통 방식은 학생을 존중하고 있다는 메시지도 다음과 같이 전달한다. "선 생님은 네 감정도 중요하다고 생각해. 너는 그걸 표현할 권리 가 있어. 선생님은 네 말을 잘 들을 거고 네 의견을 존중할 거야. 그러니 도움이 될 수 있게 다른 식으로 말해줄래?"

위의 대화법을 통해 교사는 학생들에게 자신을 존중하는 태도의 좋은 사례를 보여줄 수 있다. 교사 자신이 어떻게 대우받고 싶은지를 가르칠 뿐 아니라, 학생들에게도 자신이 어떻게 대우받고 싶은지를 다른 사람에게 표현하는 방법을 알려준다.

네가 진짜 말하고 싶은 게 뭐였니?

> "넌 너무 이기적이야."
> "네가 싫어!"
> "이런 멍청한 자식!"

학생들끼리 서로를 비난하며 욕을 퍼붓는 일이 종종 있다. 반 친구와 소통하고자 노력한다는 것이 스트레스 상황에서는 욕설로 나오는 것이다. 물론 욕을 하는 것은 갈등 상황을 더욱 악화시킬 뿐 상황을 개선하는 데는 전혀 도움이 되지 않는다.

학생들이 서로에게 욕을 퍼부으며 갈등이 점점 고조되는 상황에 처했을 때, 교사는 어떻게 대처하는 것이 좋을까? 욕은 비생산적인 소통방식임을 강조하며 친구들끼리 욕하는 게 얼마나 나쁜지에 대해 장황하게 설교할 수 있고, 이런 문제 상황을 어떻게 해결할 것인지에 대한 실제 사례로 활용할 수도 있으며, 교실에서 욕을 하면 어떤 결과가 생기는지를 설명해줄 수도 있다.

이런 경우, "네가 진짜 말하고 싶은 게 뭐였니?"라는 대화법을 사용해보기를 권한다. 이 표현은 학생이 욕을 멈추고 잠시 생각할 수 있도록 도와준다. 아이의 의식을 일깨우고 자신이 진짜 원하는 것이 무엇인지를 깨달을 수 있게 한다.

많은 학생들이 자신이 원하는 방식대로 상황을 만들어가야 할 책임이 다른 사람이 아닌 자신에게 있다는 사실을 잘 모른다. 그래서 친구에게 그 책임을 돌리고, 친구가 달라져야 한다고 생각하며 친구에게 욕을 한다. 갈등 상황을 조절할 수 있는 소통의 주도권이 자신에게 있는데도 친구를 탓하는 것으로 주도권을 포기해버린다.

학생들이 의사소통의 주도권을 되찾기 위해서는 먼저 자신이 진짜로 원하는 것이 무엇인지를 찾고, 그것을 말로 표현할 수 있어야 한다. 예를 들면 "네가 책상에 발을 올리는 게 싫어"라고 정확하게 말할 수 있어야 한다. 그러려면 자신이 원하는 방식대로 상황을 만들어갈 책임을 스스로가 지겠다고 선택해야 한다.

욕을 했을 때 생기는 또 다른 문제는, 다른 사람이 분명히 잘못한 일인데도 그 상황에서 빠져나가게 도와준다는 점이다. 친구는 자신의 행동이 다른 사람에게 어떤 영향을 미치는지 알아야 할 책임이 있는데, 학생들이 친구의 행동에 대해 어떻게 느끼는지 명확하고 구체적으로 얘기해주지 않으면 그 책임을 면제해주는 것이나 다름없다. 그런데 욕을 하면 애초에 문제가 되었던 친구의 행동 대신, 자신이 욕을 한 것에만 초점이 맞춰지기 때문에 오히려 상대방이 화를 낼 수 있는 구실을 주는 셈이다.

"네가 진짜 말하고 싶은 게 뭐였니?"와 같은 말은 학생들이 진심으로 원하는 것이 무엇인지에 대해 생각해보고, 자신이 원하는 것과 자신이 말로 표현하는 것이 일치하는지를 살펴보게 한다. 비슷한 표현에는 다음과 같은 말들이 있다.

"네가 욕을 하면, 그 애는 네가 왜 화났는지 모를 거야."
"다음번에는 그 애가 어떻게 행동하면 좋겠니?"
"그렇게 욕하면, 내가 뭘 원하는지 그 애가 어떻게 알겠니?"

위의 예들은 "네가 진짜 말하고 싶은 게 뭐였니?"라는 표현의 변형된 형태다. 교사의 이런 대화법은 학생들이 친구들과의 상호작용에서 자신의 역할에 집중하도록 돕는다. 그리고 학생들이 자기 일에 스스로 책임질 수 있는 힘도 키워준다.

인내심이 바닥났어!

좋은 교사, 좋은 부모, 심지어 성인이 되는 데도 필요한 자질이 인내심이다. 사람들은 아주 오랫동안 인내심을 미덕으로 여겨왔다. "그녀는 대단한 인내심을 지녔어." "어쩜 저렇게 참을성 있게 어린 아이들을 대할 수 있을까?" "선생님의 인내심을 진심으로 존경해요." 그러나 우리는 인내심을 가치 있는 것으로 여기는 전통적인 관점에 문제를 제기해보려고 한다. 교사들 모두가 가르치는 현장에서 '인내심'이라는 단어를 어떻게 사용하고 있는지에 대해 한 번 생각해봤으면 좋겠다.

　인내에 대해 사전에서는 '불평 없이 묵묵히 고통이나 시련을 견디는 것, 괴로움이나 억압을 당할 때도 관용을 보이는 것, 저항이나 역경에도 불구하고 변함없이 꿋꿋한 것'이라고 설명한다. 정말로 우리는 교사들에게 그런 것을 바라는가? 교사들이 그저 묵묵히 괴로움을 견딜 수 있기를 바라는가? 교사들이 우리 아이들을 자신들에게 고난과 역경을 가져다주는 존재로 보길 바라는가? 그렇지 않다. 교사들에게 필요한 것은 인내심을 갖고 관용을 베푸는 것이 아닌 '이해심'이라고 생각한다.

　발달 단계에 따른 학생들의 능력을 잘 이해하고 있는 교사는 묵묵히 참으며 괴로움을 견딜 필요가 없다. 아이들의 행동을 발달 단계상 적절한 행동이라고 자연스럽게 받아들이기 때문에 아이를 자신을 괴롭히는 적으로 보지도 않는다. 비록 아이들의 행동은 서툴고 미숙하지만 타고난 심성은 착하다고 생각한다. 또 교사 자신을 아이들의 학습을 돕는 파트너라고 생각하고, 아이들을 교사에게 저항하는 반대자로 보지도 않는다. 가르치는 일도 학생도 견뎌내야 할 시련이나 난관이 아닌 즐거움으로 받아들인다.

유능한 교사는 인내심이 많지 않을 수는 있어도 아이들의 욕구와 동기는 잘 이해할 것이다. 유능한 교사의 미덕은 인내심이 아니라, 아이들에게 필요한 안내자나 역할 모델이라는 '이해' 속에서 아이들을 대하고 행동하는 것이다. 이를 악물고 참는 교사가 진정으로 아이들을 이해하기 어렵고, 유능할 수도 없다고 생각한다.

"인내심이 바닥났어!"와 같은 말이 나오려고 할 때는, 아이들을 이해할 수만 있다면 인내심은 불필요하다는 점을 기억하자. 그리고 "지금 내가 이해하지 못하는 것이 뭐지?"라고 스스로에게 물어보자. "나는 이 상황을 제대로 이해하지 못하고 있는 거야" "내가 아이의 행동을 이해하지 못하는 거야"와 같은 대화법은 관점을 바꿔서 생각해볼 수 있게 도와준다. 잠시 멈추고 인내심이란 이해심의 부족을 나타낸다는 사실을 떠올려보자. 당신이 감정적인 반응에서 벗어나 유능한 교사의 태도를 지닐 수 있도록 도와줄 것이다.

참고 인내하는 교사는 자신을 순교자로 여기고 아이들이 자신에게 고난을 준다고 생각하기 때문에 아이들과 대립하며 지내기 쉽다. 하지만 아이들을 이해하는 교사는 같은 상황에 처해도 아이들이 성장하고 발달하는 과정으로 기쁘게 받아들일 것이다. 참고 인내하는 교사가 견디기 힘들어 하는 학생의 행동마저도 기꺼이 받아들이기 때문에 교사도 학생도 학교생활을 더 열정적이고 즐겁게 할 수 있을 것이다.

감정을 억누르게 강요하는 말

미안하다고 사과해!

"미안하다고 사과해!"라는 말은 교사가 종종 학생들에게 사용하는 대화법이다. 교사는 좋은 의도로 하는 말이겠지만 그 말속에 담긴 진정한 메시지는 다음과 같다. "네가 정말로 하고 싶은 말은 잊어버려. 화가 나도 꾹 참고 속상해하지 마. 진짜 감정은 억누르고 그렇지 않은 것처럼 행동해!"

교사가 화난 학생들에게 사과를 강요하는 것은 바람직하지 않다. 아이들에게 자신의 감정을 부정하라고 가르치는 셈이기 때문이다. 학생들에게 어떤 감정이 다른 감정보다 우월하고, '부정적인' 감정은 느끼거나 표현하지 말아야 하며, 감정을 솔직하게 드러내는 것보다 아닌 척 가장하는 것이 더 낫다는 믿음을 심어주는 것은 바람직하지 않다. 대신에 교사는 학생들이 감정을 솔직하게 경험하게 해야 하고, 문제를 해결하고 마음이 편안해질 수 있도록 책임감 있게 감정을 표현하는 법을 가르쳐야 한다.

"미안하다고 사과해!"라는 말은 때때로 학생들이 쉽게 빠져나갈 수 있는 출구를 만들어준다. 행동을 고치기 위해 노력하는 수고를 면제해주는 손쉬운 속죄가 될 수 있기 때문이다. 학생들은 더 바람직한 행동을 하기 위해 계획을 세운다거나 앞으로는 어떻게 행동할지에 대해 고민하지 않아도 된다. 아무것도 생각할 필요 없이 오직 "미안해!"라는 말만 하면 되는 것이다.

학생이 미안하게 생각하지 않는다면 억지로 감정을 꾸미도록 강요하지는 말자. 대화의 기술을 발휘해서 학생이 자신의 진짜 감정과 대면할 수 있도록 도와주되 비판이 아닌 설명하는 말로 대화를 이끌자. "멍청이라고 놀림을 받았을 때 무시당하는 기분이 들어서 화가 났다고 친구에게 말해" 또는 "미술실을 너무 오래 독차지하고 있어서 화가 났다고 얘기해."

학생이 미안하게 생각하면 그 마음을 반드시 말로 표현하도록 격려하자. 사과를 한 학생은 죄책감을 깨끗이 씻어내고 하루를 편안하게 보낼 수 있을 것이다. 만일 학생이 정말로 뉘우치고 있다면 그 잘못을 통해서 뭔가를 배울 수 있도록 도와주자. 잘못된 행동을 통해서 무엇을 배웠는지, 그리고 다음에는 어떻게 행동할 것인지를 말로 표현하도록 가르치자. 이것으로 충분하다. 학생들이 잘못에 대해서 자책하거나, 후회하거나, 자기비판을 할 필요는 없다.

그냥 "미안해. 사과할게. 용서해줘"라는 말보다는 "내가 새치기를 해서 네가 나를 싫어한다는 걸 알았어. 다시는 안 그럴게!"라는 말이 학생에게 더 강력하고 책임감 있는 감정을 느끼게 한다. "숙제 베낀 거 사과할게. 미안해"라는 말보다는

"내가 숙제를 베껴서 네 기분이 상했다는 걸 알았어"라는 말은 학생의 자존감을 더 높여줄 수 있다.

"미안해!"라는 말은 아이의 잘못된 행동에 초점을 맞추고, 아이를 움츠리게 만들며, 용서를 구하게 만든다. 이 말은 자존감이나 자부심을 손상시키지만, "~라는 걸 알았으니까 앞으로는 ~할게요"와 같은 목적 지향적인 표현은 아이들의 관심을 배움과 긍정적인 다짐에 집중시킨다.

미안하다고 말하는 것보다 미안한 마음을 행동으로 보여주는 것이 더 중요하다. 교사의 대화법에서 "친구한테 미안하다고 사과해!"라는 말을 삭제하면 학생들이 배우는 데 집중하게 도울 수 있다. 미안하다는 것은 앞으로는 다르게 행동하겠다는 다짐이라는 소중한 교훈을 아이들에게 가르칠 수 있다.

네 기분이 어떤지 알아

"네 기분이 어떤지 알아"라는 말은 학생들의 감정에 공감하기 위해 노력하는 교사의 대화법이다. 교사는 이런 말을 통해 자신도 두려움, 의심, 분노, 좌절을 경험한 적이 있다는 사실을 알림으로써 학생들을 안심시키고자 한다. 교사는 "그게 어떤 기분인지 알아. 나도 그런 적 있어. 충분히 이해해"라는 메시지를 전하고 싶은 것이다.

그러나 어느 누구도 다른 사람의 기분을 정확히 이해할 수는 없다. 경험과 경험에 대한 느낌이 완전히 똑같은 두 사람이 있을 수 없다. 우리 모두는 제각각 다르기 때문에 인생 경험도 각자 다르다.

강렬한 감정을 경험한 학생들은 누구도 자신과 같은 기분을 느껴본 적이 없을 거라고 믿는다. 어느 누구도 그렇게 절절하게 사랑하거나 지독한 고통을 느껴본 적이 없을 거라고 생각한다. 그리고 자신들의 경험이 특별한 것으로 진지하게 받아들여지길 원한다.

한편으로는 자신들의 감정이 정상적인지를 알고 싶어 한다. 그런 감정에 압도당하지 않을 것이며, 다른 사람도 비슷한 감정을 잘 극복했다는 것을 확인하고 싶어 한다.

아이들의 상반되는 두 마음('이런 기분은 아무도 모를 거야'라는 마음과 '모두가 느끼는 정상적인 감정이야'라는 마음) 때문에 교사는 "네 기분이 어떤지 알아"라는 말에 아이들이 안도할지, 분노할지 확신할 수가 없다. 교사의 대화법에서 "네 기분이 어떤지 알아"와 같은 말은 지우고, 대신 아이들의 말을 경청하는 것으로 교사의 이해심을 증명하길 권한다.

경청은 학생이 경험하고 있는 강렬한 감정을 교사가 이해한다는 것을 증명하는 가장 좋은 방법이다. 경청이라는 대화의 기술을 효과적으로 사용기 위해서는 교사는 입을 다물고 귀를 기울여야 한다. 학생의 말에 온몸으로 집중하자. 진지한 눈빛으로 아이를 바라보면서 열린 태도를 보여주자. 그리고 몸을 낮춰 아이의 눈높이에 맞추자. 아이가 얘기하는 중간에는 끼어들지 말자. 아이가 말을 마치면, 당신이 보고 들은 것을 다른 말로 바꿔서 표현해보자. 아이가 느끼는 감정과 그렇게 느낀 이유를 다음과 같이 말해보자.

"~ 때문에 네 기분이 ~한 것 같구나!"

로이가 쉬는 시간에 여자애들이 쫓아오며 놀려대서 화가 났다고 말하면, 당신이 로이의 기분을 이해한다고 속단하지 마라. 대신 당신이 얼마나 정확하게 이해했는지를 보여주자. 로이의 말을 그대로 되풀이하지 말고, 당신의 말로 다르게 표현해서 당신이 이해하고 있다는 것을 증명하자. "여자애들이 너를 쫓아다녀서 화가 난 것 같구나"라든가 "여자애들이 너를 놀려서 속상하구나"와 같이 말해보자.

당신의 말이 로이의 기분을 정확히 반영한다면, 아이는 그 말을 인정하고 자신이 이해받았다고 느낄 것이다. 로이는 씩씩거리면서 계속 얘기하며 당신에게 더 많은 정보를 줄 것이다. 그러면 다시, 아이의 감정과 관심사를 당신의 말로 다르게 표현해서 들려주는 경청의 기술을 사용하자. 당신은 들어주는 사람임을 명심하자. 지금은 충고하거나 아이의 감정을 달래줄 때가 아니다. 그냥 경청하면 된다.

그런데 당신의 말이 정확하지 않다면, 로이는 자신이 했던 말을 되풀이하거나 좀더 살을 붙여서 잘못된 부분을 바로잡아줄 것이다. 어느 쪽이든 당신은 아이를 이해하는 위치에 있다.

테리가 소프트볼 팀에서 쫓겨나서 속상한 마음을 털어놓고 있는데, 대학 농구 팀에서 제명당한 당신의 아픈 기억이 아직 생생하더라도 "나도 어떤 기분인지 알아"라고 말하지는 말자. 대신에 아이의 감정과 관심사를 당신의 언어로 바꿔서 다시 얘기해주자. "네 능력을 제대로 보여줄 기회가 없어서 무척 억울하겠구나!" 기분 나쁘게 생각하지 말라고 충고하거나 문제를 해결할 수 있게 도와주겠다고 말할 필요는 없다. 그냥 열심히 들어주기만 하면 된다. 당신에게 이해받고 있다는 기분을 느낀 것만으로도 테리에게는 위로와 격려가 되기 때문이다.

경청하고, 그 내용을 자신의 언어로 바꿔서 다시 들려주는 대화법은 상대방에 대한 존중을 보여준다. "네 기분을 정확하게 알 수는 없지만 네 말에 귀 기울일 준비가 되어 있고, 네 기분을 이해하고 싶어. 네 말을 제대로 알아들었는지 확인해보고 싶어. 너는 내가 이런 노력과 시간을 들여도 될 만큼 소중한 사람이야"라는 무언의 메시지를 전달한다.

경청하는 기술은 꾸준한 연습을 통해 향상시킬 수 있다. 이런 교사의 노력에 많은 학생들이 얼마나 고마워하는지를 알게 될 것이다. 교사가 진심으로 자신의 감정과 관심사를 이해한다고 느낄 때, 학생이 얼마나 큰 위로를 받는지도 확인하게 될 것이다. 이렇게 되면 교사와 학생의 관계가 더욱 돈독해지고 유대감도 깊어지며, 교사를 찾아와 마음을 털어놓는 학생들이 더 많아질 것이다. 경청하는 자세로 아이들을 안심시키는 교사의 능력이 향상될수록 교사가 느끼는 만족감도 더 커질 것이다.

4장

아이와의
갈등을
키우는 말

학생들의 적대적인 말에 효과적으로

대처하려면 어떻게 해야 할까?

아이들이 내뱉는 거친 말은

미숙하고 서툰 구조 요청이다.

그러니 아이의 말보다는 아이가 느끼는 감정에 초점을 맞춰야 한다.

지각했구나!

종이 울린 후 10분이 지났다. 첼시는 수학 수업이 진행 중인 교실 문을 열고 들어간다. 첼시는 자신이 지각했다는 걸 안다. 그리고 첼시가 살금살금 걸어가는 걸 본 사람들도 그 사실을 안다. 첼시가 자리에 앉자, 교사는 수업을 하다 말고 말한다.

"지각했구나!"

위의 상황에서 교사는 깨닫지 못하겠지만, 모두가 '이미 아는 정보'를 주는 비효과적인 의사소통을 했다. 첼시 자신도 수업에 늦었다는 걸 이미 알고 있기 때문에 교사가 그 사실을 다시 얘기해 봤자 의미 있는 효과를 기대하기는 어렵다. 오히려 첼시에게 관심을 집중시켜서 창피와 망신을 주고, 분노와 거부감을 들게 할 뿐이다.

담담하게 얘기해도 "지각했구나!"와 같은 대화법에는 교사의 비난이 들어 있다. 늦게라도 온 학생을 반기기는커녕 벌을 주는 효과가 있다. 아이가 다음에는 지각을 하지 않게 만드는 데 별로 도움이 안 된다. 첼시는 그날의 창피함 때문에 이제 수학에 흥미를 느끼지 못할 수도 있다. 어쩌면 첼시는 몹시 화가 나고 속이 상해서 굳이 왜 수업에 들어가려고 애썼는지에 대해 스스로를 다그칠지도 모른다.

"지각했구나!"라는 말은 첼시에게만 영향을 미치지 않는다. 교실에서는 한 아이를 향해 한 말이라도 그게 무엇이든 간에 모든 아이에게 말하는 것과 같다. 그리고 아이들은 모두 진짜 메시지를 알아듣는다. "수업에 늦으면 다 보는 앞에서 공개적으로 망신을 당할 거야."

"지각했구나!"와 비슷한 표현들은 모두가 이미 알고 있는 정보를 준다.

"숙제를 안 했구나!"
"시작종을 친 지가 언젠데, 늦었구나!"
"기말 과제를 늦게 제출했네."

학생들이 이미 알고 있는 정보를 주지 말고, 새로운 정보를 알려주자. "시작종을 친 지가 언젠데, 늦었구나!"라고 말하는 대신, "우리는 72쪽을 공부하는 중이야"라고 말하자. 과제를 늦게 제출했다고 말하지 말고, 그 일이 성적에 어떤 영향을 미치고 어떻게 하면 실수를 만회할 수 있는지 말하자. 어떤 상황에 대해 교사가 즉각 반응을 보이면 바람직하지 않은 행동을 강화하거나 아이의 의욕을 꺾어버릴 수 있다. 부정적이든 긍정적이든 관심을 지나치게 보이는 것은 아이들이 계속 잘못을

114

저지르도록 자극할 우려가 있다. "지각했구나!"라고 선언하는 대신, 진심으로 반기는 미소를 짓고 수업을 중단하지 말자. 계속 수업을 진행하자. 수업에 늦은 것에 대해서는 나중에 이야기해도 된다.

학생들은 숙제를 하지 않았다는 것, 수업에 집중하고 있지 않다는 것, 지각했다는 것 등을 교사의 입으로 들을 필요가 없다. 교사는 학생들을 반기고 받아들이고 인정해준 다음, 문제를 해결하는 데 실질적인 도움을 주는 것이 바람직하다.

교사의 불쾌감을 드러내기 위해 학생을 조롱하는 말

내가 설명할 때는 대체 뭘 하고 있었니?

"네 자리가 어딘지 모르겠니?"
"그건 이미 설명하지 않았니?"
"내가 방금 뭐라고 했니?"
"아직도 시작하지 않았니?"

위의 질문들은 교사가 이미 답을 알고 있는 것들이다. 이런 질문에는 대답이 필요치 않다. 질문의 형태를 띠고 있지만 얇은 막을 벗겨보면 그 속에는 교사의 비난이 들어 있다. 이런 질문에 학생들이 대답을 하면 건방지다고 혼날 가능성이 높다! 교사가 "네 자리가 어딘지 몰라?"라고 묻거나 "내가 방금 뭐라고 했니?"라고 물을 때, 교사는 자신의 불쾌함을 표현하는 것이다. 이런 식의 질문은 대개 비꼬거나 비웃는 듯한 어조를 띠기 마련이다.

　이미 답을 알고 있으면서도 "내가 설명할 때는 대체 뭘 하고 있었니?"라고 묻는 대화법은 학생을 존중하지 않는 교사의 태도를 드러낸다. 어른에게 그런 식으로 질문을 하는 장면을 상상할 수나 있겠는가? "톰슨 씨, 제가 방금 뭐라고 했나요?"

116

"마리 부인, 아직도 시작하지 않았나요?"

우리가 매일 사용하고 있는 언어는 말의 의미만이 아니라 다른 사람을 향한 존중을 드러낸다. "내가 설명할 때는 대체 뭘하고 있었니?"와 같은 질문을 더 이상 하지 않는다면, 교사는 학생들 앞에서 나이나 지위를 떠나 모든 사람을 존중하는 태도의 모범을 보여줄 수 있다.

자기도 모르게 "내가 방금 뭐라고 했니?"와 같은 질문이 입밖으로 나오려고 하면 즉시 멈춰라. 그리고 스스로에게 다른 질문을 던져보자. "내가 이런 질문을 하는 이유가 뭐지?" 당신이 어떤 대답을 하는지 살펴보라. 만약 분노나 짜증을 표현하기 위해 그런 반응을 보이려는 것이라면, 질문은 그만두고 화나는 마음을 솔직하게 표현하자.

"같은 걸 두 번 설명해야 하니까 선생님도 화가 난다."
"너한테 자리에 앉으라고 말하느라 수업이 중단되었잖니. 기분이 좋지는 않구나."

학생들이 수업시간에 제자리에 앉는 것, 과제를 시작하는 것, 교사가 설명할 때 집중하는 것이 진짜 목적이라면 비꼬지 말고 바로 말하자.

"빌, 수업을 시작하게 이제 자리에 앉으렴."

"샐리, 지금 과제를 시작해라."

수잔이 과제를 마쳤는지, 톰이 과제를 시작했는지 아직 안 했는지, 매튜가 설명할 때 안 듣고 뭘 했는지 정말로 알고 싶다면, 그냥 곧바로 질문하자. 하지만 답을 이미 알고 있다면, 말을 돌리지 말고 분명하지만 존중하는 말투로 진짜 말하고자하는 메시지를 전달하자.

그만 떠들고 자리에 앉아!

학교에서는 거의 날마다 게임이 벌어진다. 유치원에서 고등학교에 이르기까지, 모두가 이 게임에 참가한다. 게임에 참여자가 몇 명이든 상관없다. 분명한 것은 대개의 경우 학생과 교사는 반대편에 선다는 점이다. 딱히 정해진 규칙도 없다. 게임은 무의식적으로 진행되는 경우가 많아서 참가자들은 자기 차례에 수를 두거나 전략을 짜면서도 미처 그 사실을 알아차리지 못한다. 하루에도 여러 차례 게임이 진행되지만, 아무도 자신이 게임을 하고 있는 것을 깨닫지 못한다. 이 게임을 바로 '명령/저항 게임'이라고 한다.

당신 역시도 '명령/저항 게임'을 자주 해봤다. 대개는 교사가 명령하고, 학생들은 저항한다. 아이들은 뭔가를 하라는 말을 들었을 때 가장 일반적으로 보이는 반응이 저항이다. 애나 어른 할 것 없이 누구나 일방적인 지시나 명령을 받으면 저항하거나 싫은 티를 내거나 화내는 반응을 보인다. 나이에 상관없이 사람들은 누가 이래라 저래라 하는 것을 좋아하지 않기 때문이다.

특히 학생들은 '명령/저항 게임'에 득달같이 뛰어든다. 집에서는 부모님이, 학교에서는 선생님이 늘 '~하라'고 명령하기 때문에 어른이 무슨 말을 하기만 해도 자동적으로 저항하는 습관이 생긴 것이다. 학생들은 명령에 저항하느라 바빠서 정작 메시지의 내용을 듣지 못할 때도 많다. 그런 경우에 교사는 자기 말을 무시하지 못하도록 목소리를 더욱 높이고 보다 고압적으로 말한다. 하지만 그럴수록 학생들은 더 완강하게 버틴다. 결국 교사는 교사대로 학생은 학생대로 저마다 무력감과 좌절감을 느낀다. 문제는 위급한 상황이나 심각한 상황이 벌어져도 학생들은 게임을 멈추지 않는다는 것이다. 따라서 교사는 위급한 상황을 효율적으로 처리하기가 매우 어려워진다.

그러니 이제 '명령/저항 게임'에 참여하기를 거부하고, 게임을 아예 끝내버리자. 학생들에게 이래라 저래라 하는 대신, 눈앞에 닥친 상황을 설명해주고 무얼 해야 하는지는 그들에게 맡기자. 교사는 있는 그대로 상황을 얘기해주고, 학생들은 스스로가 무엇을 할지 결정하는 것이다.

학생들에게 "떠들지 말고 조용히 해!"라고 명령하는 대신 "시끄러워서 집중이 안 되는구나"라고 말해보자. "제자리로 돌아가!"라고 명령하는 대신 "네가 자리에 앉으면 수업을 시작할 거야"라고 말해보자. "교과서 42쪽을 펴!"라고 명령하는 대신 "선생님은 42쪽을 펴놓고 기다리고 있다"라고 말해보자.

학생들과 대화할 때 명령이나 지시를 피하면 저항도 그만큼 줄어든다. 학생들이 상황을 이해하기만 하면 적절히 반응할 수 있을 만큼 똑똑하다는 교사의 메시지를 충분히 전달하기 때문이다. 명령이나 지시가 아닌 교사의 소통 방식은 아이들에게 선택을 허용한다. 교사가 명령하지 않고 자신의 의사를 전달했을 때, 저항이 아닌 아이들의 적절한 반응을 이끌어낼 수 있다. 그렇게 되면 교사의 말에 아이들이 저항으로 반응할 가능성은 줄어들 것이다. 그리고 교사나 학생 누구에게도 득이 되지 않고 끝없이 쳇바퀴만 도는 '명령/저항 게임'은 결국 끝이 날 것이다.

고자질은 이제 그만!

유치원 교사는 "선생님, 수잔이 모래를 던졌어요"라는 말을 들었다. 2학년 교사는 "선생님, 토미가 때렸어요"라는 말을 들었다. 4학년 교사는 "선생님, 존이 제 숙제를 베꼈어요"라는 말을 들었다. 학생들의 말에 교사들은 하나같이 같은 반응을 보였다. "고자질은 이제 그만!"

아이들은 고자질을 한다. 교사가 듣고 싶어 하든 말든 상관 없다. 아이들은 계속 고자질할 것이고, 그 효과를 기대할 것이다. 아이들이 고자질하는 모습은 유치원이나 초등학교에서 흔하게 볼 수 있다. 심지어 고등학교에서도 볼 수 있다. 교사는 몇 학년을 가르치든 시시콜콜한 아이들의 고자질을 듣게 될 것이다. 교사를 짜증나게 하는 고자질을 최대한 줄일 수 있는 몇 가지 전략이 있다.

첫 번째 전략은 고자질에 대한 이해를 넓히는 것이다. 고자질은 '친사회적 공격(prosocial aggression)'이라고도 한다. 고자질을 하는 것 자체는 아이의 양심이 발달하는 과정에서 자연스럽게 나타나는 단계다. 교사의 입장에서는 유쾌하지 않겠지만 아이들의 발달 과정에서는 필수적이고 바람직한 부분이다. 교사가 학생들의 고자질이 지극히 정상적이고 불가피하다는 것을 이해하면, 짜증이나 분노가 일어날 가능성이 줄어든다. 그리고 고자질하는 학생을 더 효과적으로 대할 수 있을 것이다.

때로는 교사가 상황을 파악해야 할 필요 때문에 고자질을 강화하기도 한다. 신디가 운동장에서 놀다가 나무에 몸이 끼었고 테리가 복도에서 뛰다가 다리를 다쳤다면, 교사는 이 상황을 반드시 알아야 한다. 이렇듯 교사가 필요에 따라 반응을 보이면 고자질은 강화된다. 때로는 고자질한 정보가 꼭 필요하지 않은 것이거나 듣고 싶지 않은 것일 수도 있다. 빌이 쉬는 시간에 복도에서 뛰어다녔거나, 제프가 쉬는 시간 내내 축구공을 갖고 있었다는 사실을 교사가 꼭 알아야 할 필요는 없다. 이런 고자질은 다른 아이에게 도움을 주기 위한 것이라기보다 다른 아이를 궁지에 몰아넣고 싶은 의도가 있는 것이다.

아이들은 도움이 되는 고자질이 있고 그렇지 않은 고자질도 있다는 것을 모르기 때문에 고자질을 남발하기 쉽다. 그 차이를 이해하지 못하기 때문에 어떤 상황을 다양한 측면에서 볼 수 있도록 가르쳐야 한다. 교사에게 인정을 받거나 약간의 주도권을 가지려는 긍정적 의도의 고자질인지 아닌지를 우선적으로 파악하게 한다. 고자질하는 아이에게 이렇게 물어보자. "네 말이 도움이 되는 정보일까, 아닐까?" 이러한 대화법은 아이가 판단하고 생각할 시간을 갖게 한다. 아이에게 스스로 판단하고 결심하고 문제를 해결할 시간을 주는 것이다. "네 말이 도움이 되는 정보일까, 아닐까?"와 같은 질문은 아이가 다른 사람을 비난하거나 궁지에 몰아넣는 것에서 꼭 필요한 결정을 내리는 쪽으로 관심의 초점을 옮겨준다.

아이가 자신의 고자질이 도움이 되는지 아닌지를 결정하고 나면, 교사는 도움이 되는 정보에만 관심이 있다는 것을 아이에게 알려주자. 그렇게 하면 보다 화기애애한 교실 분위기가 조성된다. 아이들이 '고자질하는 것'과 '알리는 것'의 차이를 배우기 때문이다. 아이들은 교사의 관심이 친구들끼리 서로 비난하기보다 서로 돕는 데 있다는 사실을 금세 알아챈다.

고자질을 방지하는 두 번째 전략은 고자질하는 학생에게 대화로 문제를 해결하라고 격려하는 것이다. "맞는 게 싫다면 개한테 때리지 말라고 해. 싸우기 싫다는 네 마음을 말하렴." 이런 대화는 문제해결의 책임이 교사가 아니라 고자질하는 아이에게 있다는 것을 일깨워준다. 또한 자신의 문제를 스스로 처리할 수 있는 학생의 능력을 당신이 신뢰하고 존중한다는 것을 전달한다.

학생이 고자질을 하거든 문제를 대화로 해결하라고 격려하거나 "네 말이 도움이 되는 정보일까, 아닐까?"라고 질문을 하자. 이런 전략은 교사가 직접 보지 못한 일에 대해 경솔하게 판단하는 일을 막을 수 있다. 다른 아이에게 고자질을 근거로 해서 어떤 결정을 내리거나 비난하거나 징계하는 것은 매우 위험한 일이다. 교사가 들은 이야기가 사실과 같을 수도 있지만 다를 수도 있기 때문이다. 어떤 사실에 대한 사람들의 시각은 자신의 필요나 욕구의 영향을 크게 받기 마련이다.

어쨌든 아이들은 계속 고자질을 할 것이다. 교사가 그 사실을 받아들이지 않는다면 짜증스럽고 견디기 힘들 것이다. 우선 마음을 열고 아이들의 고자질을 지극히 정상적이며 불가피한 성장 과정으로 받아들여라. 그리고 아이들의 고자질을 효과적으로 활용해보자. 새로운 대화의 기술을 연습할 기회로 삼자. 아이들이 고자질에서 벗어나 새로운 차원의 책임감을 익힐 수 있는 기회로 만들어보자.

내가 너라면 ~할 텐데

"내가 너라면, 첫 번째 책을 고를 텐데."
"내가 너라면, 그 친구의 말을 흘려들을 텐데."
"내가 너라면, 마지막 부분을 바꿀 것 같은데."

'내가 너라면~'으로 시작되는 말 다음에는 충고가 따른다는
점에 주목할 필요가 있다. 교사가 충고를 했을 때 나타나는 결
과는 둘 중에 하나다. 학생들이 그 충고를 받아들이거나 아니
면 받아들이지 않거나. 만일 아이들이 충고를 무시하거나 거
부한다면, 충고를 한 교사는 몹시 화가 날 것이다. "내가 애써
좋은 생각을 말해주었는데 그걸 무시하다니! 그 아이를 위해
또 다시 충고를 하면 내가 성을 간다"와 같은 마음이 드는 것
이다.

　반면 학생이 교사의 충고를 받아들였는데 결과가 좋지 않다
면, 이번에는 학생이 화가 날 것이다. 그리고 그 학생은 교사
를 더 이상 신뢰하지 않게 된다. 어떤 학생들은 실제로 교사의
충고가 쓸모없다는 걸 증명하기 위해 충고를 부탁하기도 한
다. 그리고 어떻게 해서든 교사의 충고를 쓸모없게 만들어버

린다. 교사가 틀렸다는 걸 입증함으로써 우월감을 느끼는 것이다.

한편 교사의 충고가 도움이 되었다면, 학생들은 점점 더 많이 충고를 부탁할 것이다. 교사의 충고에 대한 믿음이 커지면 커질수록 학생들의 자신에 대한 믿음은 줄어든다. 아이들은 자기 자신을 등진 채 다른 사람에게서 해결책을 구하는 법을 배우게 된다.

교사가 즉각적으로 충고를 해줄 때마다, 아이들은 자신의 문제를 가지고 씨름할 기회를 빼앗긴다. 자신의 문제에 대해 스스로 생각하고 고민하고 결정할 시간을 놓치는 것이다. 아이들은 종종 자신이 복잡한 문제라고 생각한 것에 대해 교사가 재빨리 해결책을 내밀면 화를 내기도 한다. 자신들이 어렵다고 생각한 딜레마를 교사가 쉽게 해결해줄수록 아이들은 열등감을 느끼고 스스로를 보잘것없다고 생각하는 것 같다.

대부분의 충고는 아이가 요청하지 않았는데도 주어진 것들이다. 내 아들의 경우를 예로 들어보겠다. 아들 매트가 초등학교를 졸업할 무렵의 일이다. 매트의 담임선생님은 졸업식과 파티에 손님 두 사람을 초대할 수 있다고 말했다. 남편은 그날 출장이 잡혀 있어서 참석할 수 없었다. 나는 졸업식에 가기로 했고, 17세인 누나 제니도 참석하겠다고 했다. 그런데 며칠 후 제니가 자기 남자친구를 데려가고 싶다고 말했다.

이제 아들에게는 해결해야 할 문제가 하나 생겼지만, 자신이 어떻게 해결해야 할지는 몰랐다. 누나를 초대한 걸 취소해야 하나? 아니면 누나에게 남자친구를 데려오지 말라고 해야 하나? 어쩌면 정해진 숫자보다 많은 손님들을 데리고 졸업파티에 가는 수밖에 없을지도 모른다. 해결책을 찾지 못한 매트는 담임선생님께 이 문제를 상의했다. 그러자 담임선생님은 곧바로 대답을 했다. "누나에게 남자친구를 데려오지 말라고 해!"

그날 밤 매트는 선생님의 충고대로 대학에 다니는 누나에게 전화를 걸어 남자친구를 데려오지 말라고 했다. 매트는 이런 상황에서 충분히 예측 가능한 말을 했다. "선생님께서 누나 남자친구는 데려올 수 없다고 그러셨어." 매트가 누나에게 한 말은 자신이 문제의 주인이 아닐 뿐 아니라, 해결책 또한 자기 것이 아님을 드러냈다.

이 아이는 이제 중학교에 들어갈 것이다. 매트의 선생님은 매트가 상충하는 문제들을 고민하고 불일치하는 문제를 가지고 씨름하면서 스스로 문제를 해결할 기회를 빼앗았다. 따라서 중학교에 가서 경험할 것들을 잘 준비하지 못했다. 아들은 다음을 배웠을 뿐이다. "어른들은 정답을 알고 있어. 하지만 아이들은 자신의 판단을 믿을 수 없으니 다른 누군가가 나를 대신해서 생각해줄 거야. 그리고 그 편이 더 나은 결과를 가져올 거야."

학생들이 스스로 생각할 수 있게 주도권을 주고자 하는 교사는 아이들이 먼저 요청하지 않은 충고는 하지 않는다. 학생들이 스스로 해결책을 생각해내고, 여러 가지 생각과 느낌을 잘 살펴서 결론을 내리고, 의사결정과 문제해결을 통해 자신감을 얻도록 돕는 것이 교사가 해야 할 일이라고 생각한다. 그들은 학생들이 판단할 때 실수를 하는 것도 중요하다는 것을 알고 있다. 배움은 그러한 실수를 처리하고, 스스로의 결정을 통해 긍정적 결과와 부정적 결과를 경험하는 데서 온다. 그래서 다음과 같이 제안한다.

1. 바로 충고하지 말고 우선 아이들의 말을 귀담아 들어라.
2. "더 얘기해봐"라든가 "계속 하렴" 등의 말로 아이들이 계속 말을 이어갈 수 있게 격려하라.
3. 문제를 질문으로 바꿔 다시 돌려줘라. "과제에 참고할 책을 어떤 걸 골라야 할지 모르겠다는 말이지?" "친구가 욕을 하면 어떻게 해야 할지 모르겠다고?"
4. 문제를 질문으로 바꿔 다시 돌려줄 때는 어느 정도 기다린 후에 묻는다. 침묵하는 동안 아이들에게 생각할 시간을 줘라. 대개는 해결책이 자연스럽게 따라온다.

분명히 어른들은 아이들과 경험이나 아이디어를 나눌 권리가 있고 의무가 있다. 교사에게는 어른의 지혜가 있고, 그것을 유익한 방법으로 나누는 것은 중요하다. 우선은 학생들이 아이디어를 생각해내는 데 교사의 도움을 원하는지 물어보자. 그렇다고 하면, 학생들이 자신의 책임감을 유지하는 데 도움이 되는 표현을 사용하여 조언하라.

"~에 대해 너는 어떤 느낌이 드니?"
"~을 한번 고려해보겠니?"
"~을 어떻게 생각하니?"

이런 표현은 교사의 제안이 학생에게 정답이 아닐 수도 있다는 것을 인정하는 말이다. 이 말들은 해결책을 선택하고 실행할 책임이 학생에게 있다는 점을 분명하게 드러낸다.

당장 이번 주부터 당신이 사용하는 언어를 점검해보자. "선생님이 충고하겠는데……"라거나 "내가 너라면 ~할 텐데" 혹은 "그 문제에 대해서 나라면 이렇게 할 거야"와 같은 식으로 말하고 있지는 않은지 살펴보자. 그런 표현이 자신의 언어 패턴에 슬금슬금 들어온 걸 발견하면 이 부분을 다시 읽어보자. 다른 사람에게 충고하지 않기 위한 방법을 짜보는 것에 대해 어떻게 생각하는가? 앞에서 얘기한 1~4단계를 실행하는 걸 고려해보겠는가?

학생의 잘못을 추궁하고 비난하는 말

왜 그랬어?

"왜 그랬어?"와 같은 대화법은 문제를 해결하기 위해 정보를 얻고자 교사들이 선의로 사용할 수도 있고, 비난이나 비판을 하기 위해 사용할 수도 있는 표현이다. 그래서 이 질문을 할 때는 타이밍의 문제를 신중하게 고려해야 한다.

아이들은 '왜'가 비판의 서곡이 되기 쉽다는 것을 경험으로 알고 있다. 어떤 행동을 한 직후에 "왜 그랬어?"라는 말을 들으면, 그 말이 곧이곧대로 들리지 않는다. "왜 그렇게 말도 안되는 멍청한 짓을 했어?"라는 말로 들린다.

학생들은 교사가 "왜 그랬어?"라고 물으면 대개는 공격으로 받아들인다. 그래서 불안해하고 방어적인 태도를 취한다. 또 자신의 행동에 대해서 명확하고 합리적으로 사고하지 못한다. "왜 그랬어?"라는 표현은 따지는 말, 행동 자체에서 초점이 빗나간 비난하는 말일 때가 많다. 학생과의 대화중에 이 말이 나오면 그 순간부터 교사와 학생 간에 힘겨루기가 시작된다. 교사는 "어서 대답해!"라며 다그치듯 명령할 수도 있다.

많은 경우, 아이들은 자신들이 어떤 일을 왜 했는지 명확히 알지 못한다. 알지 못하기 때문에 누군가를 때리거나 바닥에 침을 뱉거나 화를 낸 이유를 명확히 말할 수가 없다. 아이들이 왜 그랬는지 이해할 능력이 있다 해도 아마 몹시 겁이 나고 불안해서 제대로 대답할 수 없을 것이다.

때로는 "왜 그랬어?"라는 말이 생산적인 효과를 거둘 수도 있다. 시간이 어느 정도 지난 후, "왜 그랬어?"라고 물으면 해결책을 찾는 데 유용한 정보를 얻을 수도 있다. 행동한 시점과 질문한 시점 사이에 시간이 지났기 때문에, 아이가 이 질문을 공격으로 받아들일 가능성이 줄어든 것이다.

앞으로 "왜 그랬어?"라고 물을 때는 그 말을 하는 당신의 의도가 무엇인지부터 살피자. 그것이 질문인가, 아니면 비난인가? 해결책을 찾으려는 목적인가, 아니면 아이 탓으로 돌리기 위한 수단인가? 아이를 돕기 위해서인가, 아니면 잘못을 추궁하기 위해서인가? 그리고 '왜'가 정말로 중요한 것인가?

학생들이 어떤 행동을 왜 선택했는지 중요하지 않다면, 이유를 묻지 마라. 한편 이유가 중요한 것 같으면, 나중에 긴장이 풀리고 감정이 누그러진 후에 차분하게 물어보자.

이겼니?

캐런은 달리기 경주를, 앨리는 토론 대회를, 앤은 소프트볼 게임을, 샘은 트럼펫 연주를 마쳤다. 그러자 교사들은 하나같이 같은 질문을 했다. "이겼니?"

- 캐런은 100미터 달리기에서 꼴찌로 들어왔다.
- 앨리의 팀은 토론 대회에서 2등을 했다.
- 앤의 팀은 1점 차이로 게임에서 졌다.
- 샘은 밴드의 다른 연주자들과의 합주에서 트럼펫 연주를 성공적으로 마쳤다.

"이겼니?"라고 질문한 교사들은 오로지 승부에만 관심을 보였다. 그 때문에 경쟁을 통해 수많은 즐거움과 만족감을 얻을 수 있다는 것을 학생들이 경험할 기회를 놓쳤다. 관습적인 승부의 개념에서는 위의 아이들 중에서 '승자'는 샘 한 명뿐이다. 우리 사회에는 경기나 대회에서 일등을 한 사람에게만 박수를 보낼 뿐 2등부터는 기억하지 않는 경향이 있다. 사실 전 세계적으로 1등이 되고 싶고, 되려고 하는 강박이 있다. 그래서 교사는 학생들이 결과보다는 '사건' 그 자체에 초점을 맞추고 참여의 기쁨과 그 과정에 관심을 가질 수 있게 도울 기회를 놓치지 말아야 한다.

일등이 되려는 강박은 단절감을 일으키고 참가자들에 대해서 무리한 기대와 요구를 만들어낸다. 동계 올림픽 때 한 젊은 이가 활강 스키 경기에서 '패배'했기 때문에 괴로워하는 모습을 본 적이 있다. 아나운서는 마치 그를 실패자처럼 언급했다. 실제로 그는 100분의 2초 차이로 일등을 놓쳤을 뿐이었다. 100분의 2초 느린 게 과연 패배일까?

알고 지내던 중학교 2학년 학생이 육상 경기에 나가지 않겠다고 버텼다. 너무 느리다고 비웃음을 당할까봐 겁이 난다고 했다. "하지만 너는 나가서 달리잖아. 사람들은 그냥 앉아 있고! 네 기록이 얼마건 몇 등을 하건, 경기에 참가한 것만으로도 넌 존중받을 자격이 충분해." 아이는 고개를 가로저었다. "하지만 다른 애들을 이길 수는 없잖아요." 아이는 친구들과 함께 경기를 즐기고 다른 친구들의 관심을 받을 기회를 포기했다. 지는 게 두려웠기 때문이다.

남편은 가끔 10킬로미터 마라톤에 참가한다. 우리 집 다섯 살배기 꼬마는 아빠가 일등으로 들어오건 400등으로 들어오건 둘 다 이긴 것임을 아직 이해하지 못한다. 남편이나 나는 달리는 것 자체에 재미를 느끼고, 새로운 친구를 만나고, 화창한 날이나 따뜻한 비를 즐기는 것도 이기는 거라고 생각한다.

레이스를 완주하고 환호하는 관중들의 박수갈채를 받으면 이긴 것이다. 기록 목표를 달성하거나 기존의 기록을 경신하면 이긴 것이다. 그가 매일 달리기를 하면서 극기 훈련과 노력을 통해 건강이 좋아지고 자존감이 향상되면 이긴 것이다. 뭐라고 설명해도 아직 우리 집 꼬마는 이해하지 못한다. 벌써부터 '승리 강박'에 사로잡혀 있는 다섯 살 꼬마에게 얘기해준다. "아빠는 경기에서 이겼어. 단지 일등이 아닐 뿐이야."

학생들이 성공하고 행복해지기 위해서는 경쟁을 효과적으로 다루는 법을 배워야 한다. 경쟁에서 느낄 수 있는 수많은 기쁨 중에서 승리는 일부분일 뿐이라는 것을 이해하고, 품위 있게 승리와 패배를 받아들이는 법을 배워야 한다. 동지애를 경험하고, 자신의 기량을 시험하고, 소속감과 노력의 가치를 이해하고 배우는 기회를 얻는 것 모두 경쟁 과정에서 중요한 부분이다. 승리가 반드시 '일등'을 의미하지는 않는다. 교사는 "어떤 점이 좋았니?"라는 질문으로 학생들에게 그런 뜻을 전달할 수 있다.

"어떤 점이 좋았니?"라는 말은 사고의 과정이 필요한 질문이다. 이 질문은 학생들에게 경쟁의 다양한 측면을 고려하고 즐거운 것들에 초점을 맞춰 생각하게 한다. 사람들은 어떤 활동에 대하여 마음에 들지 않는 것에 주목하는 경향이 있다. 그렇기 때문에 마음에 드는 것에 주목하는 것이 매우 중요하다. 아이들은 머릿속에서 경쟁을 재구성하고 분석하고 평가하면서 사고 능력이 발달한다.

"어떤 점이 좋았니?"라는 질문은 '예, 아니오'의 단답형이 아닌 긴 서술형 답을 요구한다. 그 점 때문에 질문과 대답이 이루어지는 과정에서 학생과 교사의 관계가 발전하고 확장되는 것이다. 학생들이 자신의 활동에 대해 살을 붙여 흥미롭게 이야기하고 자신의 관심사를 털어놓다 보면 대화가 풍부해지고 활발해진다.

많은 학생들이 재능을 개발하고 배움을 얻고 재미를 느낄 수 있는 많은 기회를 놓친다. 바로 승자가 되지 못할까봐 두려워하기 때문이다. 캐런은 100미터를 끝까지 달렸기 때문에 이겼다. 앤은 남학생들만 하던 야구팀에 합류할 수 있을 만큼 실력을 닦았기 때문에 이겼다. 앨리는 교실에서 발표하는 것을 두려워했지만 이제는 능숙하고 유창하게 말을 잘하기 때문에 이겼다. 샘 또한 이겼다. 상대편을 꺾었기 때문이 아니라, 그 어느 때보다도 훌륭한 연주를 해서 자신의 역할을 다했기 때문이다. 그 점을 샘 자신도 알고 있다. 모든 학생들이 이길 수 있고 승리의 기분을 느낄 수 있다. 일등만이 승자라는 사회의 강박이 아이들에게서 그런 소중한 경험을 빼앗지 않는다면 말이다. 교사는 교실 대화법을 통해 학생들이 사고를 제한하는 편협한 관점으로 경쟁을 바라보지 않도록 도울 수 있다. 이제부터는 "이겼니?"라는 질문을 "어떤 점이 좋았니?"라는 표현으로 바꾸기만 하면 된다.

너희들은 쉬는 시간 없어!

교실에서 학생들이 나쁜 행동을 했을 때 가장 흔한 벌이 체육 시간이나 쉬는 시간의 일부를 빼앗는 것이다. 아이들이 가장 좋아하는 시간을 잃을 위기에 처하면 제멋대로 행동하지 않을 거라고 예상하기 때문이다. 쉬는 시간을 빼앗는 징계 방법은 보통 조용히 있으라고 했는데 빨리 조용해지지 않거나 얌전히 굴지 않을 때 사용한다.

"오늘 체육 시간 없어."

"너희들은 쉬는 시간을 원하지 않는구나."

"그래, 계속 농땡이 부려라. 네가 체육시간을 잃어도 난 상관없으니까."

"너희들은 방금 10분을 잃었어."

"쉬는 시간 없다!"

교사가 원하는 행동을 유도하기 위해 체육 시간을 뺏는 방법은 건전하지 못하고 미숙할 뿐 아니라 교육목표에도 타격을 준다. 목적이 수단을 정당화할 수 없다. 실제로 이 방법은 교사가 원하던 결과를 이끌어내지도 못한다.

우리는 초등학교 4학년 교실에서 학급 전체가 쉬는 시간을 반납하는 모습을 지켜본 적이 있다. 교사가 아무리 조용히 하라고 해도, 두 학생이 말을 듣지 않았기 때문에 받은 벌이었다. 이 학교 교훈은 '나는 내가 책임진다'였지만 그 교실은 다른 학생들이 아무리 자신을 책임지겠다고 마음먹어도 제멋대로 구는 아이 한 명 때문에 체육 시간이나 쉬는 시간을 뺏길 수 있었다. "너희들은 쉬는 시간 없어!"와 같은 말은 학생들의 자율성 발달이라는 목표에 적합하지 않다.

많은 교사들이 "체육도 다른 과목만큼이나 중요하다"라고 말한다. 그러나 교사들이 수학 시간이나 독서 시간을 10분 빼앗는 것은 한 번도 본 적이 없다. 말로는 체육도 중요하다고 하지만, 교사의 행동은 그 말을 무의미한 것으로 만들어버린다.

아이들에게 벌을 주기 위해 체육 시간을 빼앗는 교사들은 신체 교육이 지적 발달만큼 중요하다는 사실을 알지 못하는 듯하다. 뇌는 생체 시스템의 일부로, 전체 시스템이 효율적으로 작동하지 않으면 제 능력을 발휘할 수 없다. 따라서 매일 신체 활동을 활발하게 하는 것은 학습에서 필수적이다. 대근육 조정능력 발달도 마찬가지다. 몸이 깨어 있고, 생기가 넘치고, 육체적으로 건강해야 공부도 더 잘 할 수 있다 .

교사가 체육 시간과 쉬는 시간을 빼앗으면 학생들의 지적 능력 발달이라는 목표에 문제가 생긴다. 신체를 통한 학습과 지적인 학습은 상호 의존적인데 두 가지를 종합적으로 발달시키지 않는다면 전체적인 발달을 약화시키는 것이다.

"너희들은 방금 쉬는 시간을 잃었어!"와 같은 말은 아이들끼리 서로 적대하게 만든다. 대다수 아이들은 문제를 일으키는 소수의 학생들을 싫어하기 때문이다. 이렇게 바람직하지 않은 방법으로 또래집단의 압력을 이용하는 교사들도 있지만 그런 방법은 교육적으로도 도움이 되지 않고, 오히려 역효과를 일으킨다. 우선 제멋대로 구는 학생들은 또래집단의 부정적인 관심에 오히려 신이 나서 더욱 삐딱해지는 경우가 많기 때문이다.

친구를 사귀는 데 서툴고 사회성이 부족하기 때문에 좋은 것이든 나쁜 것이든 상관없이 학급 친구들이 자신에게 관심을 보이는 그 자체를 즐거워한다. 그래서 실제로 이런 징계 방법을 사용해도 교사가 기대하던 바람직한 행동이 일어나지 않고 오히려 학생들 간의 우정에만 금이 간다. 특수한 지도가 필요한 학생에게 도움을 주기는커녕 더욱 퇴행하게 만든다. 한 아이의 행동 때문에 학급 전체를 징계하는 방법은 학생들의 협동을 적극적으로 방해하기 때문에 역효과를 일으킨다. 부정적인 또래집단의 압력을 이용해 학생들끼리 서로 적대하게 만들면, 단결심과 소속감을 바탕으로 한 협조적인 분위기는 불가능해진다.

"너희들은 쉬는 시간 없어!"와 같은 말로 교실을 통제하는 방법은 효과가 없다. 제멋대로 구는 학생의 문제는 이런 징계로 다룰 수 없다. 오히려 문제해결을 도와주고 이야기를 들어주고 긍정적인 관심과 이해를 보여주면서 상담해야 한다. 제멋대로 굴어서 문제인 아이들은 활발한 신체 운동을 통해 방해하는 욕구를 날려버릴 기회가 필요하다. 제멋대로 굴려는 욕구를 배출할 건전한 방법이 필요하다. 그런데 이 아이들에게 체육 시간을 빼앗는 것은 효과는커녕 오히려 제멋대로 하려는 욕구를 증폭시킨다. 화산의 꼭대기를 덮는다고 해서 폭발이 안 일어나지는 않기 때문이다.

학생들이 이러한 통제 방법의 불공평함과 부당함을 알아차리게 되면 교사에 대한 존경심은 사라진다. 교사가 이런 식으로 아이들을 통제하는 것은, 기본적으로 학생들이 자신을 통제할 능력이 없다고 생각하기 때문이다. 이것은 규칙이 아니라, 성급하고 자의적인 징벌이다. 인과관계와 아무 상관이 없고 누군가의 행동에 대한 결과도 아니다. 아이들은 존경받는 어른들이 말로는 자기를 믿는다고 하면서 모순된 행동을 보이면, 교육 시스템에 환멸을 느낀다. 교사에게 정서적인 유대감과 존경심을 느낄 때 학생은 가장 잘 배우는데, 이런 환멸은 아이들이 열심히 배우려는 노력에 큰 상처를 입힌다.

지혜로운 교사는 학생들을 지도하고 격려하면서 협동과 단결을 이끌어낸다. 말과 행동을 일치시키기 위해 노력하고 자의적인 징벌은 내리지 않는다. 신체 능력과 지적 능력이 섬세하게 균형을 이뤄야 한다는 점을 이해하고 아이들의 발달에 필요한 것을 빼앗지 않는다. 지혜로운 교사는 아이들의 전체적인 발달과 배우는 과정의 가치를 소중히 여긴다.

누가 선생님한테 그렇게 말하라고 했어?

아이들은 때로 "필요 없어요"라거나 "왜 선생님이 옳다고 생각하세요?"라거나 "이래라 저래라 하지 마세요"와 같은 말로 어른에게 도전장을 내밀곤 한다. 문제의 핵심에서 교사의 관심을 돌리기 위해서 그리고 힘겨루기 싸움에 교사를 끌어들이기 위해서 미끼를 던지는 것이다.

이때 교사가 "누가 선생님한테 그렇게 말하라고 했어?"라고 반응한다면 아이가 던진 미끼를 덥석 문 셈이다. 교사는 제대로 걸려들었고, 아이와의 힘겨루기가 시작되는 것이다.

"누가 선생님한테 그렇게 말하라고 했어?"라는 대화법은 교사가 학생의 말을 공격으로 받아들였음을 드러낸다. 공격이라고 느끼면 방어하기 마련이다. 교사가 방어태세로 돌입하면 학생이 보낸 메시지의 진정한 의미를 정확히 파악할 수가 없다. 교사가 자신을 방어하는 동안 갈등은 더욱 고조된다.

학생들의 적대적인 말에 효과적으로 대처하고 싶다면, 화가 난 아이들은 공격당했다는 기분과 두려움을 느낀다는 점을 기억하자. 아이들이 내뱉은 거친 말은 미숙하고 서툰 구조 요청이다. 그러니 아이의 말보다는 아이가 느끼는 감정에 초점을 맞추라고 조언하고 싶다. 말의 내용은 잠시 모른 척하고, 아이가 느끼는 기분에 대해서 말하자. "그렇게 말하는 걸 보니 굉장히 화가 났구나. 화가 가라앉으면 다시 이야기하자"와 같은 말은 아이의 감정에 대해 교사가 진지하게 생각하고 있다는 메시지를 전할 수 있다. "네가 화났다는 것은 알겠어. 그런데 다른 말로 표현해주면 좋겠구나"와 같은 말은 아이가 느끼는 격한 감정을 인정하는 말이다. 아이의 표현은 마음에 들지 않지만 아이가 느끼는 고통을 염려한다는 뜻을 전달한다. "화가 많이 났구나. 그렇게 말하는 건 너답지 않아"와 같은 말은 학생의 말 자체가 아니라 말 아래 숨겨진 감정에 초점을 맞춘다.

최근 한 중학교의 과학 교사가 지각한 학생과 대화하는 장면을 지켜봤다. "에이, 좀 봐주세요!" 학생은 눈에 힘을 주며 말했다. 교사는 이해심을 발휘해 노련하게 반응했다. 학생의 이런 태도는 문제의 핵심에서 관심을 돌리기 위해서라고 파악했다. "네가 불만이 있다는 건 알겠고, 너는 선생님만큼 지각한 걸 큰 문제로 여기지 않는다는 것도 알겠어. 이 문제에 대해서 얘기를 좀 나누고 싶은데, 수업이 끝난 후에 보자." 교사는 학생의 툴툴거림을 모른 체하고 별다른 동요 없이 다시 수업을 진행했다.

교사는 학생의 태도에 감정적으로 반응하지 않고 프로답게 대처했다. 방어적이거나 반격하는 태도로 말하지 않았고 말려들지 않았다. 미숙하고 적대적인 학생의 표현 방식에 흔들리지도 않았다. 자신의 통제력을 잃지 않았고, 학생에게도 스스로 평정을 회복할 수 있는 시간을 줬다. 나중에 학생이 진정했을 때, 교사는 지각 문제에 대해 구체적으로 얘기를 나눴을 것이다.

학생의 반항적인 말보다 아이가 느끼는 기분에 초점을 맞추면, 방어적으로 반응하지 않고 아이의 감정을 정확히 파악할 수 있다. 이런 태도는 교사가 표면적인 말이 아니라 그 아래 숨겨진 의미를 알아들었음을 아이에게 알려준다. 또한 교사 스스로를 자제할 수 있게 하고, 아이들의 자존감을 손상하지 않도록 도와준다.

학생의 관심과 교과과정을 분리시키는 말

야구 카드 치워! 지금은 수학 시간이야

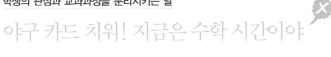

다섯 살 때 처음으로 야구 카드 한 세트를 선물받은 여자아이가 있었다. 여섯 살 즈음이 되자 아이는 카드를 바닥에 펼쳐서 숫자 순서대로 늘어놓은 다음, 빠진 카드를 알아낼 수 있게 되었다. 아이에게는 놀이였지만, 어른들 눈에는 숫자 정렬로 보인다.

그 후 2년 동안 아이는 야구 카드 숫자를 세거나 팀, 포지션, 리그, 좋아하는 순서 등을 기준으로 분류하면서 통계에 관심을 갖기 시작했다. 아이는 포지션, 리그가 열리는 도시, 선수들의 이름을 읽는 법을 배웠다. 간략하게 쓰는 약자를 알게 되었고, 선수들을 비교하거나 선수들의 나이를 계산하기도 했다. 그런데 3학년 때 선생님에게 이런 말을 들었다. "야구 카드 치워! 지금은 수학 시간이야."

우리는 "야구 카드 치워! 지금은 수학 시간이야"라는 대화법이 학교 교육의 심각한 문제를 상징적으로 보여준다고 생각한다. 이 표현은 교과과정의 중요성을 강조하느라 학생 중심의 교육을 무시한다.

"야구 카드 치워! 지금은 수학 시간이야"라는 말은 학생들의 관심사보다 학업 일정과 수업 계획이 더 중요하다는 메시지를 전달한다. 아이들은 교사의 관심이 교과과정과 교과 내용에만 맞춰져 있음을 알게 된다.

학생들의 관심사를 교과 내용만큼 중요하게 여기지 않는다면, 아이들은 실제의 삶과 학교에서 배우는 교과과정 사이의 연관성을 발견하지 못하게 된다. 학교 공부가 필요한 이유를 이해하지 못하기 때문에 공부를 해야겠다는 동기를 느끼지 못할 수 있다.

학생을 중심에 두는 교사는 아이의 경험에서 이끌어내는 교육이 가장 가치 있다는 것을 안다. 수학이 단지 책으로 묶인 하나의 과목이 아니라, 우리 일상생활의 일부라는 점을 이해하고 있기 때문에 수학을 가르치기 위해서 실제 생활의 경험을 적극적으로 활용한다.

학생을 중심에 두는 교실에서는 아이들이 최우선이고 교과과정은 그 다음이다. 교사는 아동 발달 이론과 학년에 맞는 적절한 학습 목표를 잘 알고 있기 때문에, 아이들에게 무엇을 가르칠지 결정하기 위해서 교과서나 보조교재에 의존하지 않는다. 수학, 글쓰기, 맞춤법, 자율성을 가르치는 데 활용할 수 있는 교재가 생활 속에 널려 있음을 알고 있다. 실제 생활에서 쟁점이 되는 문제나 학생들의 관심사를 활용하여 학습내용을 채워간다. 나비, 바비 인형, 록 음악, 야구 카드와 같은 다양한 것에서 가르칠 수 있는 거리를 찾는다.

5장
선택과 책임을
가르치는 말

학생들이 수업에 지장을 주거나 부적절한 행동을 할 때,

교사는 명령과 지시로 제압해서 아이들의 행동을 바꾸려 든다.

그러나 아이들은 행동을 바꾸기보다는 교사의 말에 저항한다.

이럴 때 어떤 말로 선택과 책임을 가르칠 수 있을까?

~하기로 선택했구나

학생들이 자신이 한 일에 책임을 질 사람은 자기 자신이라는 것을 이해할 수 있게 다음의 세 단어를 사용해보자. 그 단어들은 바로 '선택하다, 결정하다, 행동하다'이다.

"오늘 너는 열심히 하기로 마음먹은 것 같구나."
"왜 너는 짜증내는 걸 선택했니?"
"문제가 어려워질 때 너는 어떤 반응을 선택했니?"
"조례가 길어질 때 너는 어떻게 행동하기로 결정했니?"

많은 학생들은 자기 자신이 그렇게 행동하기로 선택했다는 것을 알지 못한다. 그들은 자신의 태도와 행동을 스스로가 선택했다고 생각하지 않는다. 따라서 그들은 자신이 그렇게 행동한 것에 대한 책임이 자기 자신이 아닌 다른 누군가나 다른 무엇에 있다고 굳게 믿는다. 다음과 같은 말에 그런 믿음이 드러나 있다.

"걔 때문에 그렇게 한 거잖아요."

"선생님이 F를 주셨잖아요."

"그 애가 저를 속상하게 했어요."

"그것 때문에 기분이 나빠요."

"그것 때문에 우울해요."

"언니 때문에 마음을 바꿨어요."

"걔가 발을 걸었어요."

"수학 때문에 지겨워 미치겠어요."

학생들은 자신의 태도나 행동에 대해서 교사나 친구, 또는 그 밖에 다른 외부의 원인에 탓을 돌리는 언어를 사용한다. "선생님 때문에 6교시에 지겨워서 죽는 줄 알았어요." 아이들은 이런 식으로 불평하면서 자신의 지루함에 대한 책임을 떠넘긴다. "걔 때문에 처음부터 다시 해야 했어요." 아이들은 이렇게 징징거리면서 애초에 형편없는 것을 만든 자신의 책임을 회피한다. "걔가 저를 건드렸어요." 아이들은 수업 시간에 낄낄거린 것에 대해서도 다른 사람을 탓하며 이런 식으로 반응한다.

'선택하다, 결정하다, 행동하다'는 교사가 학생들의 어깨에 책임을 돌려주기 위해 의도적으로 사용할 수 있는 단어들이다. "네가 시험지에다 뭔가를 쓰기로 했다면, 너는 문제를 다시 풀겠다는 선택을 하는 거야." 이런 말은 학생들이 문제를 다시 풀거나 풀지 않는 것이 교사의 책임이 아님을 가르치는 데 효과적이다. 책임은 학생들에게 있다. "네가 이만큼 공부하기로 했다면, 너는 A학점을 선택하는 거야. 그리고 요만큼 공부하기로 했다면, 너는 B학점을 선택하는 거야." 이런 표현은 교사가 아이들에게 C를 준 것이 아니라, 아이들 자신이 C를 받은 것에 책임이 있음을 배우게 해준다. 다른 적절한 예들은 다음과 같다.

"너희 둘은 이제 독서토론 시간에는 같이 앉지 않기로 했나 보구나."
"대출한 책을 가저오지 않았니? 그럼 이번 주에 반납하지 않기로 결정한 거구나."
"금요일에 숙제를 제출하기로 했으면, 네가 숙제한 만큼 점수를 받게 될 거야. 그리고 월요일에 숙제를 제출하기로 선택하면, 너는 5점 더 낮은 점수를 선택하는 거야."

교사가 '선택하다, 결정하다, 행동하다'와 같은 말을 반복적으로 사용하면 학생들이 선택한다는 것의 의미를 이해하는 데 도움이 된다. 핵심은 반복이다. 처음 몇 번은 이해하지 못할 수 있다. 교사가 학생들에게 어떤 행동을 하는 것이 아니라, 학생들 스스로 선택한 결과임을 진심으로 이해하기까지는 수많은 반복이 필요하다.

우리는 최근에 어느 6학년 교실에서 담임교사와 '교사의 대화법'을 시도했던 경험을 나누고 있었다. 한창 얘기 중에, 한 학생이 코피를 흘리며 교실에 들어왔다. 아이는 화장실에서 피를 닦아낸 다음 담임교사에게 다가갔다.

"선생님, 저 지금 교장실에 간다는 걸 알려드리려고요. 언제 돌아올지는 모르겠어요. 저는 운동장에서 싸움을 하기로 선택했거든요."

아이가 나간 후, 우리는 자신의 행동에 책임지는 언어를 가르친 그 교사의 노력에 박수를 보냈다.

워크숍에서 이 일화를 자주 이야기한다. 그러나 일부 교사들은 그게 무슨 의미가 있는지 이해하지 못한다. "그게 뭐가 대단해요?"라고 묻는다. "자기가 선택했다고 말하는 게 뭐 어떻다는 거죠? 그래 봤자 그 아이는 싸움을 할 거잖아요."

맞는 말이다. 학생은 싸움을 하기로 선택했다. 분명히 이 아이에 대해서는 더 많은 노력이 필요하다. 누군가 그와 함께 문제를 해결하기 위해 시간을 보내야 할 것이다. 다음번에는 바른 행동을 선택할 수 있도록 새로운 행동 계획을 세워야 할 것이다. 학생은 이제 자기 행동의 주인이 자신이라는 걸 알기 때문에 ("저는 운동장에서 싸움을 하기로 선택했거든요."), 스스로 자신의 행동을 통제하는 법도 배울 수 있을 것이다.

다음은 한 교사가 학생들과 대체교사 간에 있었던 일에 대해 나눈 이야기다.

교사 : 어제 선생님이 없었을 때, 몇 사람이 규칙을 어기는 행

동을 선택했다고 들었어.

학생 : 그 선생님이 어떻게 했는지 아세요? 자유 시간을 반으로 줄였다고요.

교사 : 그래서 너는 어떻게 하기로 선택했니?

학생 : 하지만 그 선생님은 자유 시간이 그렇게 많이 필요하지 않다고 말했어요.

교사 : 그랬구나. 그래서 너는 어떻게 행동했니?

학생 : 그 선생님이 얼마나 치사하게 굴었는지 선생님은 모르실 거예요.

교사 : 그래서 너는 어떻게 하기로 결정했는데?

위의 대화에서 교사는 학생들이 스스로 자신의 행동에 더 많은 책임을 질 수 있도록 돕기 위해 '교사의 대화법'을 사용하는 대열에 동참했다. 당신도 '선택하다, 결정하다, 행동하다'와 같은 말을 적절하게 사용한다면, 학생들이 선택한다는 것의 의미를 이해하도록 도울 수 있다.

네가 결정해

하루에도 수차례, 학생들은 교사에게 의사결정을 맡기는 질문을 던진다.

"지금 연필 깎아도 돼요?"
"점수를 더 받으려면 이 책이 도움이 될까요?"
"베스에게 도와달라고 해도 돼요?"

이런 흔한 질문을 받으면 교사는 시간과 노력을 낭비하지 않고 간단히 "그래" 혹은 "아니"라고 대답하기 쉽다. 그러나 이런 경우를 잘 활용하면, 학생들이 스스로 선택하고 결정할 수 있도록 다양한 기회를 줄 수 있다. "네가 결정해"라는 말은 학생들에게 의사결정에 대한 책임을 효과적으로 부여한다. 이 말은 교실을 관리하는 권한을 학생들과 공유하고, 학생들에게 주도권을 허용함으로써 교사들을 권위적인 역할에서 벗어나게 해준다.

대신 이 표현은 "그래"라고 대답할 수 있는 경우에만 사용해야 한다. 베스에게 도움을 청하는 것이 바람직하지 않거나 학생들이 연필을 깎기에 적당한 때가 아니라면, 그냥 "안 돼!"라고 말하라. 교사가 확실하게 개입해야 할 필요를 느낄 때는 학생들이 결정하게 내버려두지 마라. 반면에 "그래"라고 말하고 싶은 마음이 들 때는 아이에게 결정을 맡기는 대화법을 사용할 적절한 기회다. "네가 결정해"라는 말은 학생들에게 스스로 결정하는 연습을 할 기회를 준다. 그리고 아이들에게 선택의 자유뿐 아니라 자신의 능력을 직접 경험하고 독립심을 키울 수 있는 좋은 기회도 준다.

"네가 결정해"라는 말에 어떤 조건을 추가하면 학생들의 의사결정 능력을 더욱 발달시킬 수 있다.

학생 : 지금 연필 깎아도 돼요?
교사 : 독서토론을 방해하지 않고 할 수 있다면, 네가 결정하렴.

학생 : 이 책이 추가점수를 더 받는 데 도움이 될까요?
교사 : 네가 존경하는 사람에 대한 책이라면, 네가 결정해.

"네가 결정해"에 단서를 달면, 학생들에게 어떤 기준을 제시할 수 있다. 학생들은 자신의 결정이 무엇을 기준으로 해야 하는지에 대해 생각해야 한다. 그 결과, 아이들은 자신의 결정에 대한 구체적인 근거를 갖게 된다. 이런 식으로 교사는 학생들의 선택 능력과 사고 능력이 동시에 발달하도록 도울 수 있다.

"네가 결정해"와 비슷한 효과가 있는 표현들은 다음과 같다.

"너한테 달려 있어."

"네가 선택할 몫이야."

"네가 선택하렴."

"넌 고를 수 있어."

"네가 결정해야 해."

"네가 마음을 정하렴."

"네가 어떤 결정을 하든 괜찮아."

이 표현들 중 어떤 것을 선택하든, 학생에게 보내는 메시지는 '존중'이다. "선생님은 네 판단을 믿어. 너는 스스로 결정할 수 있는 능력이 충분해. 그리고 너 자신에게 제일 좋은 게 뭔지 알아"라는 뜻을 전달하는 것이다.

이제 결정을 해줄래?

"우리와 함께 있을지 아니면 대기실에 가 있을지, 결정을 해
줄래?"
"규칙을 지킬지 아니면 다른 걸 선택할지, 결정을 해줄래?"
"조용히 얘기를 나눌지 아니면 다른 곳으로 자리를 옮길지,
결정을 해줄래?"

"이제 결정을 해줄래?"라는 대화법은 행동에 대한 책임을 학
생 쪽으로 옮겨 놓는 전략이다. 이 말은 학생들 자신의 행동을
점검해보고 스스로 선택한 것에 대해 책임질 것을 요구한다.
학생들이 학교생활의 일부분을 스스로 관리할 수 있도록 선택
권을 주는 셈이다.

대부분의 경우, 아이들은 교사가 어떻게 할지 결정을 내리라
고 얘기하면 바람직한 쪽을 선택한다. 위의 경우 친구들과 같
이 있고, 규칙을 지키고, 조용히 이야기하는 쪽을 선택할 것이
다. 중요한 것은 학생들이 선택을 한 뒤에, 자신의 행동을 통
해 선택에 대한 책임을 보여줄 수 있느냐다.

목소리를 낮춰 조용히 이야기하기로 했는데도 계속해서 소

리를 지른다면, 또는 규칙을 지키기로 동의하고서도 어긴다면, 교사는 지금의 행동이 어떠한지 그리고 아이 스스로가 어떤 결정을 선택했는지를 다시 상기시켜주는 것이 좋다.

"공에 맞았는데도 경기장 밖으로 나가지 않더구나. 네 행동을 보면 더 이상 게임을 함께하지 않기로 결정한 것 같은데, 그런 거니?"
"독서시간에 계속 떠드는 걸 보니, 더 이상 친구들 옆에 앉지 않기로 선택한 것 같구나."

교사가 학생의 결정에 초점을 맞추는 언어를 사용하면, 교사는 학생을 괴롭히는 역할에서 벗어날 수 있다. 학생의 결정으로 결과가 선택된 것이며, 교사가 독단적으로 학생에게 벌을 주기로 결정한 게 아님을 교사와 학생 모두 분명히 이해할 수 있다. 교사가 "너는 친구들 옆에 앉지 않기로 선택한 것 같구나"와 같은 표현을 다양하게 변형해서 지속적으로 사용하면, 학생들은 원인과 결과를 더 명확하게 이해하게 된다. 자신의 선택에 따라 결과가 달라진다는 것을 이해하고, 자신을 피해자로 보는 관점에서도 벗어나게 된다. 이제 자기가 처한 상황에 대해 다른 사람을 탓하지 않고 자기 자신을 공동 책임자로 보는 법을 배우는 것이다.

"이제 결정을 해줄래?"를 살짝 변형하면, 학생이 활동을 다시 시작할 준비가 되었을 때 결정을 내리게 할 수 있다. 예를 들면, 다음과 같다.

"네가 함께할 준비가 되었다고 결정하면, 그 그룹에 다시 들어갈 수 있어."
"네가 어떤 행동을 고쳐야 하는지를 이해하고 그걸 글로 적는다면, 다시 친구들 옆으로 책상을 옮길 수 있어."
"네가 규칙을 지키겠다고 결정하면, 빌에게 게임을 계속 하고 싶은지 물어봐도 좋아."

이런 식의 표현은 활동이 중단된 것에 대한 책임이 학생 자신에게 있다는 것을 알려줄 뿐 아니라, 활동을 다시 시작할 때도 자신의 역할이 있음을 분명하게 밝혀준다.

교사는 교실 안에서 모두가 함께 지켜야 할 규율 체계를 유지할 책임이 있다. 교사는 적절한 표현을 통해 그 체계 안에서 학생들이 선택권과 주도권을 가지고 있다는 사실을 이해시킬 수 있다. 교사가 지속적으로 이런 식의 소통을 하면, 학생들은 자기가 하는 선택이 자신에게 일어나는 일에 영향을 미친다는 것을 이해하게 된다. 그리고 규율의 궁극적 목표인 독립심과 자율성을 발달시키는 데 반드시 필요한 내면의 힘도 점점 키워질 것이다.

다른 선택을 해주겠니?

조례는 이미 시작되었다. 학생들은 강당 의자에 앉아 있고 교사와 교직원들은 옆쪽에 나란히 서 있었다. 교장선생님은 "약물은 무조건 거부하라"는 메시지를 열심히 전하는 중이었다. 그때 앞쪽에 있던 학생 두 명이 떠들기 시작했다. 그들의 행동 때문에 교장선생님의 주의가 산만해지고 있었다. 교장선생님은 떠드는 학생들을 무시한 채 연설을 이어나갔다. 그러나 아이들의 대화는 멈추지 않았다. 키득거림은 갈수록 심해지고 속삭이는 소리도 점점 더 커지고 있었다. 그러자 금세 다른 학생들도 산만해졌다. 교사들은 문제의 학생들 쪽으로 위협하는 눈길을 보내기 시작했다. 교장선생님은 계속해서 무시했고, 두 아이의 방해는 점점 심해졌다. 아무도 개입하지 않았다. 교장선생님은 산만해지지 않게 특단의 조치를 취할 책임이 자신에게 있다는 걸 깨달았다.

당신이 교장선생님이라면 어떻게 하겠는가? 혹은 그곳에 있는 교사들 중 한 사람이었다면? 도대체 이 상황을 어떻게 대처해야 할까?

교장선생님은 몇 가지 방안을 고려했다. 방해를 하든지 말든지 무시한 채 계속해서 연설한다. 연단에서 내려와 두 학생 옆으로 가서 떠들지 말라고 주의를 준다. 연설을 중단하고 그냥 나가버린다. 그런데 그는 다른 선택을 했다. 잠시 연설을 멈추고 학생들 쪽으로 걸어갔다. 불쾌한 표정이었지만 아주 차분한 목소리로 말했다.

"너희들이 떠들어서 도무지 연설에 집중을 할 수가 없구나. 다른 선택을 해주겠니?"

교장선생님은 두 학생을 꾸짖거나 나무라지 않았고, 공개적으로 망신을 주지도 않았다. 그의 목소리는 나지막하고 조용해서 두 학생 바로 옆에 있는 아이들만 그가 한 말을 알아들었다. 교장선생님은 학생들의 행동이 자신에게 어떤 영향을 미치는지를 말하고, 그들이 '다른 선택'을 하는 게 좋겠다고 제안했을 뿐이다.

교장선생님은 두 학생에게 다른 선택을 제안함으로써 그들을 존중하는 언어를 사용했다. 교장선생님은 그 말을 통해 다음과 같은 무언의 메시지를 전했다. "너희 행동에 책임이 있는 사람은 바로 너희들 자신이야. 너희들은 자신의 행동을 통제할 수 있어야 하고, 살아가면서 겪는 일들에 대해 어떤 반응을 보일지도 스스로 선택해야 해."

교장선생님은 조용히 하라고 명령하지 않았다. "행실을 바르게 하지 않으려면 나가"라고 위협하지도 않았다. 무얼 하라고 말하지 않고, 그저 두 학생에게 다른 선택을 하라고 제안함으로써 그들이 바람직한 반응을 선택할 만큼 충분히 똑똑하다는 믿음을 보여주었다. 다른 선택을 해야 한다는 자신의 생각을 분명히 밝히되, 어떻게 반응할 것인지 결정하는 문제는 그들에게 맡겼다. 그리고 학생들의 행동이 자신에게 영향을 미쳤다는 것을 분명하게 밝힘으로써 그들의 행동이 영향력이 있다는 걸 이해할 수 있게 도와주었다.

학생들에게 "다른 선택을 해주겠니?"라는 말을 직접 해보기 바란다. 두 아이가 싸우려고 할 때 이렇게 말하라. "우리 교실에서는 주먹으로 다른 사람을 위협하는 행동을 하지 않아. 다른 선택을 해주겠니?" 새치기를 하려는 아이에게는 다음과 같은 말이 도움이 될 수 있다. "맨 뒤로 가서 줄을 서는 게 규칙이야. 다른 선택을 해주겠니?" 학생이 게임 도중에 순서를 지키지 않을 때는 이렇게 말하라. "너는 순서를 무시하는 쪽을 선택하고 있구나. 그러면 모두가 게임을 망치게 되는데. 다른 선택을 해줄 수 있겠니?"

학생을 존중하면서 소음에 대한 불편함을 전달하려면 다음과 같이 말해보자. "네 목소리가 너무 커서 방해가 되는구나. 네가 다른 선택을 해주면 좋겠어."

학생들이 수업에 지장을 주거나 부적절한 행동을 할 때, 교사는 명령과 지시로 제압해서 아이들의 행동을 바꾸려 든다.

그런 대처는 아이들을 존중하거나 배려하는 것과는 상당히 거리가 있다. 아이들이 행동을 바꾸기는커녕 오히려 교사의 말에 저항하게 만들 가능성이 크다. 그런데 "다른 선택을 해주겠니?"라는 말은 학생과 권한의 일부분을 공유해서 아이들 스스로가 자신의 행동에 책임을 지게 한다. 실제로 아이들은 다른 선택을 함으로써 점점 더 바람직한 쪽으로 반응하게 될 것이다.

네 생각을 말해줘서 고맙구나.
그런데 그건 선택할 수 없어

모두가 참여해야 하는 교실 활동인데, 학생들은 종종 정상적인 운영에 적합하지 않은 주장을 펼친다.

"3조에는 들어가기 싫어요."
"체육관에 가기 싫은데요."
"오늘은 중간놀이 시간에 그냥 교실에 있을래요."

학생들이 정상적인 교실 운영 절차에 적합하지 않은 바람을 표현할 때, 교사는 노련하게 반응해야 한다. 아이들의 말을 귀담아 듣고 있다는 느낌을 주고, 자신들의 바람을 솔직하게 표현해도 괜찮다는 점을 알려주면서도, 교사가 허용할 수 있는 한계를 명확하게 규정하는 표현을 사용해야 한다. 예를 들면 다음과 같다. "네 생각을 말해줘서 고맙구나. 그런데 그건 선택할 수 없어!"

첫 문장인 "네 생각을 말해줘서 고맙구나"에는 "네가 다르게 하고 싶다는 걸 이해해"라는 뜻이 들어 있다. 상황과 무관하게 학생에게는 자신의 의사를 밝힐 권리가 있고, 그 의견은 충분히 존중된다는 점을 전달한다.

이어지는 두 번째 문장은 다른 메시지를 전달한다. "그런데 그건 선택할 수 없어!"라는 말은 교사가 허용할 수 있는 한계를 분명히 알려준다. '이 교실에서 어떤 것들은 선택할 수 있지만, 어떤 것들은 선택할 수 없다'는 것을 말해준다. 다시 말해 이번 경우는 선택할 수 없는 것이다. 또 이 표현은 이해받는 것과 자기 마음대로 하는 것의 차이를 학생들이 인정할 수 있게 해준다. 나의 주장을 이해받았다고 해도 항상 내가 원하는 대로 할 수 있는 것은 아니다. 학생들은 그 차이를 경험할 기회가 필요하다. 그래야 의사소통 능력이 향상되어 살아가면서 이로 인한 혼란을 덜 겪게 된다.

"네 생각을 말해줘서 고맙구나. 그런데 그건 선택할 수 없어!"와 같은 표현은 학생들이 원하는 것을 요구하고 그 결과로 얻어낸 것에 만족하며 즐길 수 있게 한다. 설사 요구와 결과가 불일치하더라도 그 차이를 편안하게 받아들이게 한다.

"네 생각을 말해줘서 고맙구나. 그런데 그건 선택할 수 없어!"라고 말할 때는 어조와 의도에 주의해야 한다. 교사는 사려 깊고 진실하게 들리도록 말해야 하며, 실제로도 사려 깊고 진실해야 한다. 건성으로 말하거나 비꼬는 듯이 말하면 학생은 자신이 존중받지 못한다는 걸 감지하고 자신도 그렇게 행동할 것이다.

학생들이 교사가 의도한 대로 메시지를 듣게 하려면, 위와 같은 표현을 사용하는 이유가 교사의 머릿속에 명확히 정리되어 있어야 한다. 교사는 학생의 말을 듣고 반응을 보일 때 진심으로 노력해야 한다. 아이가 무엇을 요구하든지 우선은 받아들이겠다는 마음을 갖자. 그리고 그런 마음이 어조에 실리게 하자. 그런 마음가짐으로 아이가 바람직한 반응을 보이도록 격려하고 좀 더 협조적이고 편안한 교실 분위기를 만든다면, 아이들 스스로가 주도권을 가지고 당당하게 행동할 수 있을 것이다.

적당한 핑계를 찾아 책임을 회피하게 하는 말

그건 좋은 변명이 아니야!

교사는 학생들에게 종종 "그건 좋은 변명이 아니야"라고 말한다. 교사는 학생의 변명에 대해 피드백을 하면서, 책임 있게 행동하는 법을 가르치고 있다고 생각한다. 그러나 실제로는 교사의 말이 역효과를 일으킨다.

　교사는 학생의 변명이 받아들일 만한지 아닌지를 결정할 때 자신을 심판관으로 설정한다. 교사는 학생들에게 변명의 타당성을 검사하는 것이 자신의 역할이라는 뜻을 전달한다. 교사는 학생의 변명을 판단하는 역할을, 학생들은 자동적으로 변명하는 사람의 역할을 맡게 된다. 이는 아이들에게 자신이 평가할 수 있도록 변명을 만들어내라고 장려하는 셈이다.

　"그건 좋은 변명이 아니야!"라는 말은 "제대로 변명을 하면 받아들여줄 수도 있어. 내가 변명을 받아들이면 너는 책임이나 결과에서 면제될 거야"라는 뜻을 전달한다. 이런 일이 반복된다면, 교사는 학생의 책임감을 약화시키며 사실상 적당한 핑계를 찾도록 유도하는 것이나 다름없다. 학생들은 상황을 개선할 수 있는 행동을 하는 대신 교사에게 전할 변명을 만들어내는 데 시간과 에너지를 소비하게 된다.

교사가 학생의 변명을 받아들이거나 거부한다면, 학생들은 자신의 행동에 책임이 있는 사람을 교사로 본다. 교사가 숙제를 마치지 못한 것에 대한 변명을 유심히 듣고 나서 좋은 변명이 아니라고 거부하면, 교사 때문에 낮은 점수를 받았다고 생각한다. 교사가 기말 과제를 늦게 제출한 것에 대해서 학생들의 변명을 거부하면, 마치 교사에게 그 책임이 있는 것처럼 여긴다. 교사가 수학여행에 관한 부모 동의서를 가져오지 않은 것에 대해서 학생들의 변명을 듣고 판단한다면, 아이들은 자신이 수학여행을 가고 못 가고가 교사의 결정에 달려 있다고 생각한다. 학생들은 자신의 수학여행, 성적, 시험 통과 여부를 결정하는 힘이 교사에게 있는 것으로 본다. 그들은 교사 때문에 상황이 자신이 원하는 대로 될 수도 있고 안 될 수도 있다고 믿게 된다.

따라서 교사는 학생의 변명에 대해 옳고 그름을 판단하지 않는 언어를 사용해야 한다. 학생들이 자기 행동의 주인이 되고, 그 행동에 대해 스스로 책임질 수 있도록 도와줘야 한다. 그러려면 결과와 그 결과를 만들어내는 데 학생들이 어떤 역할을 했는지에 초점을 맞추는 언어를 사용해야 한다. 학생이 "늦었다는 거 알아요. 하지만 사물함이 열리지 않아서 그랬어요"라고 변명한다면, 이렇게 대답해보자. "얼굴을 보니 반갑구나. 하지만 오늘이 세 번째 지각이구나. 세 번 지각을 한 것으로, 너는 방과 후 보충학습을 선택한 거야." 학생이 아버지가 출장

중이라서 제시간에 수학여행 동의서를 낼 수 없다고 말하면, 그 결과를 직접적으로 언급하자. "부모님 동의서를 내지 않는 것은 수학여행을 안 가기로 선택한 거야." 학생이 숙제를 제출하지 않은 것에 대해 변명을 시작하면, 그 변명이 합리적으로 보일지라도 평가하는 태도를 취해서는 안 된다. 그냥 객관적인 상황만 대답하자. "숙제를 제출하지 않으면 보충학습을 해야 해. 너는 목요일에 방과 후 보충학습에 참여하기로 한 거구나." 아이들은 대개 변명을 하고 나서 바로 물러서지 않을 것이다. 결과에 대해 교사에게 책임을 돌리기 위해 끈질기게 노력할 것이다.

"어쩔 수 없었어요!"라고 아이들은 주장할 것이다. "사물함이 안 열리는데 어떡해요!" "아버지가 출장을 가셔서 동의서에 서명을 못 받은 건 제 잘못이 아니잖아요!" 변명을 인정해 주고 싶은 유혹에 말려들지 말고, 수업을 계속 진행하자.

교사가 변명을 인정하지 않는 언어를 사용하면 아이들에게 유익한 메시지를 전달할 수 있다. 아이들은 교사의 역할이 변명을 판단하는 것이 아님을 알게 되고, 교사에게는 변명보다 자신의 행동이 더 중요하다는 걸 알게 된다. 때론 인생이 불공평하거나 억울하게 느껴질 때 아이들이 어떻게 대처하는 것이 좋은지를 경험하게 한다.

교사 스스로 학생들을 공평하게 대한다고 느끼는 것이 매우 중요하다. 그래서 학생들의 말을 들어주고 그들을 이해한다는 느낌을 주려는 생각에 학생들의 변명게임에 말려들 때가 많다. 학생들의 변명을 들어주고 그에 대한 판결을 내리는 교사는 공정하기 위해 애쓰지만, 아이러니하게도 아이들은 그런 교사가 편파적이라고 생각한다. 학생의 변명을 들어주고 판결을 내리는 식으로 변명을 인정하기 때문에, 변명이 받아들여지지 않은 학생들은 교사가 불공평하다고 믿게 될 가능성이 크다.

학생들은 합리적인 기준을 설정하고 그 기준을 철저히 지키는 교사를 존경한다. 학생들이 선택한 결과에 대해서 당신이 화가 나지 않았다는 걸 알려주자. 당신이 여전히 학생들을 좋아하지만 학생들이 처한 상황에 책임이 있는 사람은 바로 자신이라는 걸 알려주자. 그러기 위해서는 학생의 변명이나 핑계를 인정하지 말고 거부해야 한다.

6장
상황에
대처하고,
해결책을 찾는
능력을
키우는 말

학생들은 쉽게 자신의 결정권을 포기한 채

결정권을 교사에게 넘기기도 한다.

그때마다 교사가 적극적으로 개입해 문제를 해결해버린다면?

아이들이 책임감 있게 대처하고,

스스로 해결책을 찾게 하려면 어떻게 해야 할까?

찬찬히 살펴보렴!

"찬찬히 살펴보렴"이라는 말은 모든 학년에 사용할 수 있는 간단하고 유용한 대화법이다. 예를 들어, 학생들이 시끄럽게 떠들 때 이 표현을 사용해보자. "너무 시끄러워서 선생님이 집중할 수가 없구나. 모두들 자기 마음속의 목소리가 들리는지 찬찬히 살펴보렴."

또는 글씨 쓰기 연습을 하는 학생들에게 본인이 쓴 글씨를 기준과 비교해보라고 할 때도 사용할 수 있다. "줄 맞춰 글씨를 썼는지 찬찬히 살펴보렴." 학생들이 음악실이나 미술실로 옮겨서 수업을 기다리는 동안, 자리를 제대로 선택하고 앉아 있는지 확인하게 할 때도 도움이 된다. "옆에 있는 친구가 수업을 방해하지 않고 조용히 앉아 있을 수 있는 친구인지 찬찬히 살펴보렴."

"찬찬히 살펴보렴"이라는 말은 고학년 아이들에게 과제의 핵심을 알려줄 때도 사용할 수 있다. "이번 주말에 숙제 검사를 할 텐데, 선생님이 확인할 부분은 두 가지야. 첫째는 첫 문장이 관심을 끄는지, 둘째는 끝부분에서 종합적으로 마무리가 되는지를 볼 거야. 숙제를 제출하기 전에 이 두 가지를 찬찬히 살펴보렴." 또는 다음과 같이 말할 수도 있다. "이번 과학 숙제는 7가지 항목에 대해서 점수를 줄 거야. 그 7가지가 다 들어 있는지 찬찬히 살펴보렴."

몇 학년을 가르치든 혹은 어떤 과목을 가르치든, 교사는 "찬찬히 살펴보렴"이라고 말하면서 학생들이 해야 할 일들을 일깨워주고 자율성을 길러줄 수 있다.

아이의 머릿속에 긍정적인 그림을 그리게 하는 말
다음에는 ~하면 좋겠구나!

"다음에는 선생님이 끝마칠 때까지 기다리면 좋겠구나."
"다음에는 네가 원하는 것을 친구에게 말하는 게 좋겠다."
"다음에는 숙제 맨 위 오른쪽에 이름을 쓰면 좋겠구나."

'다음에는 ~하면 좋겠구나!'라는 말을 들으면, 아이들의 머릿 속에는 교사가 기대하는 그림이 그려진다. 즉 교사가 바라는 것에 아이들의 관심이 집중된다. 이 말을 들은 아이들은 교사가 원하지 않는 부정적인 행동보다 긍정적인 결과를 상상하게 된다.

'다음에는 ~하면 좋겠구나!'라는 말은 '~하지 마라'를 대체할 수 있는 보다 긍정적인 표현이다. "파란색 코끼리는 절대 생각하지 마라"라는 말을 들었다고 가정해보자. 어떤가? 아마도 그 말을 듣자마자 틀림없이 파란색 코끼리가 떠올랐을 것이다. 아이들도 마찬가지다. "복도에서 뛰지 마라"는 말을 들으면 아이들의 머릿속에는 복도에서 뛰는 모습이 먼저 떠오른다. "장난치지 마라"는 말을 들으면 아이들은 장난치는 장면을 상상한다. 교사가 "~하지 마라"는 말을 할 때마다 원치 않는 행동을 오히려 강화할 수 있다.

대신 '다음에는 ~하면 좋겠구나!'라는 대화법은 긍정적인 모습을 떠오르게 할 뿐 아니라, 교사가 가르치려는 것에 정확히 초점을 맞춘다. '다음에는' 뒤에는 교사가 가르치고자 하는 말, 학생들이 나중에 참고할 수 있는 유용한 정보를 제공하는 말이 온다.

"다음에는 쉬는 시간에 놀러 나갈 때 지미의 블록을 건드리지 않게 옆으로 지나가렴."
"다음에는 조별 과제를 준비할 시간이 더 필요하면 미리 말해주면 좋겠구나."
"다음에는 정해진 기준에 맞게 여백을 남겼는지 확인하면 좋겠구나."

교사가 기대하는 것을 학생들에게 분명히 전달하는 방식으로 말하고 싶은가? 학생들이 바람직한 행동을 상상하고 긍정적인 이미지를 떠올리기를 원하는가? 그렇다면 "다음에는 ~하면 좋겠구나!"라는 대화법을 사용해보자.

좀 더 얘기해 볼래?

한 연구 결과에 따르면 교사들은 수업 시간의 80%를 말하는 데 사용하는 것으로 나타났다. 나머지 20% 중 절반은 교실 안을 돌아다니거나, 입을 다물고 그냥 있거나, 그밖에 말이 필요 없는 활동을 한다. 교사 한 사람이 전체 수업시간의 80%동안 말을 하는 반면, 25~30명의 학생들은 전체 수업시간의 20%를 나누어 말을 하는 셈이다.

고등학교 교실에서 교사의 말하기는 대개 수업내용에 대한 강의로 이루어지고, 초등학교 교실에서 교사의 말하기는 수업에 대한 강의와 함께 수업 진행을 위한 설명과 지시로 이루어진다. 어떤 형태가 됐든 대부분의 경우 교실에서 주로 말하는 사람은 교사다. 아이들의 학습을 위해서는 활발한 토론과 의견 교환이 중요하기 때문에 이러한 불균형은 효과적이지 못하다. "좀 더 얘기해 볼래?"라는 말은 학생들이 더 자주, 많이 말을 할 수 있도록 격려하는 표현이다.

"좀 더 얘기해 볼래?"라는 표현은 말하는 사람에게 계속 말을 이어가도 좋다는 격려의 의미가 담겨 있다. 더 많은 얘기를 듣고 싶고 말하는 사람의 의견을 존중한다는 뜻이기도 하며,

한편으로는 아직 문제에 대한 답이 완전하지 않다는 뜻이기도 하다. "좀 더 얘기해 볼래?"라는 말은 학생들이 계속 말을 이어갈 수 있게 용기를 주면서 원래 생각을 보충하고 생각을 확장할 수 있도록 도와준다.

한 학생에게 더 말해보라고 격려하면, 그 말을 듣고 있던 다른 학생들도 마치 문을 열듯이 자연스럽게 대화에 참여시키는 효과가 있다. "좀 더 얘기해 볼래?"라는 대화법은 어떤 아이디어와 의견이든지 기꺼이 듣고 존중하겠다는 교사의 마음을 아이들 모두에게 전달한다.

"좀 더 얘기해 볼래?"를 변형한 형태로 "어떤 면에서 그렇게 생각하니?"라든가 "그게 무슨 뜻이지?"라고 말하는 것도 좋다. 이 두 가지 질문은 학생들이 보다 구체적이고 정교하게 생각의 폭을 넓힐 수 있도록 격려한다. 이런 질문을 받은 학생들은 뭉뚱그린 생각을 더 구체화해서 발전시킨다.

"좀 더 얘기해 볼래?"는 교사가 학생의 말을 들어주는 것이 말하기만큼이나 중요한 교육이라는 점을 일깨워준다. 아이들에게 더 말해보라고 격려할 때, 교사는 장황한 이야기를 늘어놓고 싶은 유혹을 억제할 것이다. 그리고 아이들이 아이디어를 충분히 전개시키고 서로를 보며 배우도록 이끌어줄 것이다. "좀 더 얘기해 볼래?"는 학생들에게는 더 많이 말할 수 있는 시간을 주고, 교사들에게는 말하기가 교육의 전부가 아니라는 점을 경험할 기회를 줄 것이다.

자기 문제는 스스로 해결해야 한다는 책임감을 부여하는 말

그래, 문제가 생긴 것 같구나

제리는 문제를 푸는 데 집중하고 있었다. 연필을 꽉 쥔 채 몰두하고 있는데, 갑자기 연필심이 툭 부러졌다. 제리는 조금도 망설이지 않고 선생님에게 다가가서 말했다. "선생님! 연필심이 부러졌어요." 이제 제리의 선생님이 말할 차례였다. 선생님은 다음과 같은 반응 중에서 하나를 선택할 수 있었다.

"친구에게 하나 빌리렴."
"연필 여기 있다. 이걸 사용해."
"지금 연필을 깎아도 좋아."
"기다렸다가 나중에 해."

이런 반응들은 학생의 문제를 교사가 대신 떠맡겠다는 표현이다. 이 말들은 '내가 대신 책임질게' '내가 문제를 해결해줄게'라는 뜻을 전달한다. 아이에게 자신의 학교생활을 관리할 수 있는 능력과 의지가 있다는 것을 존중하지 않는 말들이다.

그런데 위의 상황에서 제리의 선생님은 연필이 부러진 제리에게 "그래, 문제가 생긴 것 같구나"라고 말했다. 이 말을 통해

문제해결에 대한 책임을 당사자인 제리에게 남겨두는 것이다. 선생님은 문제가 누구의 것인지만 일깨워줬다. 그리고 제리가 합리적인 해결책을 찾아낼 거라고 믿는다는 무언의 메시지를 보냈다. 제리는 교사의 믿음을 저버리지 않고 "친구한테 빌려서 쓸게요"라고 대답하고는 제자리로 돌아갔다.

"그래, 문제가 생긴 것 같구나"라는 말은 학생들이 스스로 해결책을 탐색하고 발견하도록 이끌어준다. 간혹 이 말만으로는 충분하지 않다고 생각되면 "네가 잘 해결할 거라고 믿어"라고 덧붙여주자. 이 말 역시 학생들을 문제를 해결할 수 있는 사람으로 보고, 그들의 능력을 신뢰한다는 뜻을 전달한다.

"문제가 생긴 것 같구나"라는 표현은 다음과 같이 고자질하는 아이에게도 효과적이다.

"존이 욕했어요."
"제 차례인데 루시가 방해해요."
"첼시가 제 연필을 가져갔어요."

학생들은 너무 쉽게 자신의 결정권을 포기한다. 다른 아이한테 문제가 있다고 생각하기 때문에 스스로 해결책을 찾으려고 애쓰지 않는다. 그러니 다른 아이가 변할 때까지 기다릴 수밖에 없다. 이런 과정은 학생들을 무기력하게 만든다.

때때로 학생들은 자신의 결정권을 교사에게 넘기기도 한다.

이럴 때마다 교사가 학생들의 문제에 적극적으로 개입해 문제를 해결해버린다면, 이는 학생의 능력을 빼앗는 셈이 된다. 아이들은 상황을 해결할 주도권을 교사에게 빼앗긴 채 점차 자신의 능력과 가능성을 의심하게 될 것이다. 그리고 계속해서 교사에게 문제를 해결해 달라고 의존할 것이다.

그러나 문제해결의 책임이 자신에게 있다는 것을 깨달으면, 아이들은 해결책을 찾기 위해 첫발을 내딛는다. 스스로 해결책을 찾아내고, 실행하는 것까지 기꺼이 책임을 진다. 점점 당당하게 자신의 권리를 주장하고 기량을 키우면서 아이들은 책임감 있게 살아가는 법을 배우게 된다.

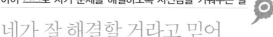

네가 잘 해결할 거라고 믿어

"보충수업을 받기 위해 방과 후에 남는다면 밴드 연습에 참가할 수 없단 말이지. 어려운 결정을 해야 할 것 같구나. 하지만 선생님은 네가 잘 해결할 거라고 믿어."

"너와 지미가 이 시간에 과제를 끝마치려면 둘 다 컴퓨터가 필요하다는 말이지? 생각을 잘 해봐야겠는데. 너희가 잘 해결할 거라고 믿는다."

"이 시험을 통과하는 것이 불가능한 것 같니? 너라면 잘 해낼 수 있을 거야."

위의 상황에서 교사는 문제를 분명하게 지적하고, 학생의 기분을 이해한 다음, "네가 잘 해결할 거라고 믿어"라는 말로 문제를 해결할 권리를 학생에게 돌려주었다. 이런 경우, 학생은 자신이 충분한 이해와 배려를 받았다고 느낄 것이다. 현명한 결정을 내리고, 결정대로 실행하고, 결과를 감당할 수 있는 능력이 자신에게 있음을 교사가 믿어주었기 때문에 학생들은 자신이 존중받았다고 생각할 것이다.

학생을 지지하고 격려하기 위해 "네가 잘 해결할 거라고 믿

182

어"와 같은 표현을 일상적으로 사용하면, 교사가 학생의 문제를 해결하지 않아도 학생들 스스로 고민하면서 자기 문제를 해결해간다. 그러니 교사는 학생들이 문제해결 요령을 연습하는 동안 아이들을 지지하고 격려하는 역할만 하면 된다. "살아가면서 어떤 일이 닥치더라도 나는 잘 해결할 수 있어"라는 자신감은 아이들의 정신 건강과 행복에 대단히 중요한 요소다. 성인들이 심리 상담을 받는 가장 큰 이유도 살아가면서 부딪치는 일들을 자신이 해결해낼 수 없을 거라는 무력감 때문이다.

우리는 삶의 모든 상황을 언제나 통제할 수는 없다. 그러나 그것들을 감당해낼 수 있다는 자신감을 가져야 한다. "네가 잘 해결할 거라고 믿어"라는 말은 그러한 자신감을 키워주는 교사의 대화법이다. 또한 자신의 삶을 관리할 수 있는 학생의 능력을 존중한다는 교사의 무언의 메시지를 전달한다.

모든 문제에는 해결책이 있단다

릭에게는 한 가지 문제가 있다. 과학 숙제를 일주일 안에 해야 하는데 아직 시작도 못한 것이다. 샘도 고민이 있다. 얼마 전에 가장 친한 친구가 멀리 이사를 가서 몹시 우울하다.

이 학생들은 자신의 문제에 어떻게 대처할까? 어떤 태도로 받아들이고 어떤 노력과 방법을 선택할까? 아이들의 반응은 교사가 얼마나 노련하게 그 문제에 자신감을 보여주느냐에 따라 달라질지도 모른다.

문제를 해결하는 과정은 문제 인식하기, 가능한 해결책 탐색하기, 합의 끌어내기, 대응책 마련하기, 목표 설정하기, 결과 평가하기로 이루어진다. 학생들은 대개 이런 식의 문제해결 과정에 대한 요령이 없다. 그래서 자신의 문제를 누군가에게 떠넘기거나, 남 탓을 하며 거짓말을 하거나, 문제가 없는 척한다. 게다가 효과적으로 문제를 해결하는 것을 방해하는 잘못된 믿음에 사로잡혀 있는 경우도 많다. 그들은 자신이 문제를 성공적으로 해결할 수 있는 능력이 없다고 믿는다.

"모든 문제에는 해결책이 있단다"라는 대화법은 학생들이 자기 자신을 문제 해결사로 볼 수 있게 도와준다. 이 말을 자주 사용하라. 예를 들어, 버스에서 몸싸움을 벌인 학생을 데리고 이야기할 때 사용해보자. 또는 수업시간에 학생들이 과제를 끝마칠 수 있는 방법을 논의할 때도 사용해보자. 학생들 앞에서 뻑뻑한 책상 서랍을 열려고 애쓸 때도 이 말을 해보자.

교사가 일 년 내내 "모든 문제에는 해결책이 있단다"라는 말을 계속하면, 학생들은 자연스럽게 그 말을 진심으로 받아들인다. 시간이 지날수록 이 말이 아이들의 마음속에 서서히 스며들어 필요한 순간이 오면 제대로 효과를 발휘할 것이다.

단, 말로만 "모든 문제에는 해결책이 있단다"라고 반복해서는 안 된다. 행동으로도 보여줘야 한다. 학생들에게 이 말을 믿게 하려면, 이 말에 대한 교사의 신념을 직접 보여줘야 한다. 만일 교사의 말과 행동이 일치하지 않으면, 학생들도 똑같이 교사를 따라할 것이다. 그러니 교사는 모든 문제에는 해결책이 있다는 믿음을 행동으로도 학생들 앞에서 보여줘야 한다.

이제부터는 학생들에게 어떤 문제가 생겼을 때, 아이들을 야단치거나 벌주기보다는 해결책을 찾는 데 집중하자. 누군가가 교실 바닥에 페인트를 쏟았다면, 문제를 효과적으로 해결하는 좋은 기회로 삼자. 누가 쏟았는지를 알아내는 데 급급하지 말고, 쏟아진 페인트를 어떻게 해결할 것인지에 대한 방법을 찾는 데 초점을 맞추자.

성숙한 어른이 어떻게 문제에 접근하고 해결하는지를 아이들에게 보여주자. 페인트를 깨끗하게 치우고 나면, 이 사건을 문제해결 과정의 모델로 활용하자. 앞으로 또 다시 페인트가 쏟아지는 일이 일어나지 않도록 해결책을 의논하자. 학생들이 문제가 무엇인지를 밝히고, 가능한 해결책을 찾고, 적절한 대응책을 선택할 수 있게 도와주자. 합의한 해결책을 어떻게 실행하는지 그 과정을 점검하고, 성과를 평가하는 일에도 학생들을 참여시키자. 학생들이 문제해결 과정을 내면화하기 위해서는 그 과정을 여러 번 경험해봐야 한다.

실제 상황을 여러 번 경험하고 과정에 대한 설명을 반복해서 들어야 제대로 이해하고 받아들일 수 있을 것이다.

학생들에게 문제를 해결하는 과정을 가르치고 싶다면 말로만 그칠 것이 아니라 교실에서 직접 보여줘야 한다. 독서토론 시간에 연필을 깎는 아이나 점심시간이 한참 지난 후에 교실에 들어오는 아이에게도 이 대화법을 사용해보자. 쉬는 시간에 아이들 사이에 시비가 붙어 다툼이 생길 때도 이 대화법을 활용하여 문제를 해결해보자. 준비물 없이 수업에 들어오는 아이들, 토론을 독점하거나 숙제를 베끼는 아이들에게도 이와 같은 문제해결 과정을 시도해보자.

교사가 말과 행동으로 "모든 문제에는 해결책이 있단다"라는 믿음을 확실히 전달했을 때, 학생들이 무력감에서 벗어나 자신의 능력에 대해 자신감을 갖도록 격려할 수 있다. 살면서 부딪치게 되는 장애들을 배움과 성장의 기회로 받아들일 수 있게 가르치자.

교사는 아이들이 문제에 부딪칠 때마다 불평하거나 남에게 책임을 떠넘기는 대신에 문제를 정면으로 바라보고 해결해나 갈 수 있도록 학생들을 이끌어줘야 한다.

선생님이 도와줄까,
아니면 시간을 더 줄까?

3학년인 아론은 약간은 불안해 보이고 침착하지 못할 때가 많았다. 배우려는 의지가 강하고 관심을 받기 위해 애쓰는 아이였지만 사실 의욕만 앞설 때가 많았다. 그룹 토론 시간에 담임선생님이 질문을 하면 누구보다 먼저 손을 번쩍 들어 올렸지만, 대개는 대답을 하지 못했다.

담임선생님은 아론의 이런 모습에 당황스러웠지만 아이들에게는 스스로 생각할 수 있는 '대기 시간'이 필요하다는 걸 알았기 때문에, 생각할 시간을 10초 정도 주었다. 아론이 손을 들지 않고 침묵하는 것을 창피해 하는 건지, 아니면 단지 자신의 이름이 불릴 때의 관심을 즐기는 건지 알 수 없었다. 아론은 밝아 보였지만 자진해서 손을 들었을 때 대답을 한 적은 거의 없었다. 담임선생님은 아론의 마음을 이해하기 위해 한 발짝 더 나가보기로 했다. 아론에게 물었다. "아론, 선생님이 도와줄까, 아니면 시간을 더 줄까?"

아론은 미소를 지어보이며 "선생님, 시간이 더 필요해요"라고 대답했다. 담임선생님은 내심 놀랐다. 아론을 찬찬히 바라보면서 인내심을 가지고 기다렸다. 그동안 아이가 열심히 뭔가를 생각하고 있다는 것을 느낄 수 있었다. 드디어 아론이 입을 열었을 때, 아이의 대답은 분명하고 합리적이고 창의적이었다. 아론도 담임선생님도 얼굴이 환해졌다.

담임선생님은 아론이 질문을 이해하고 답을 생각해내는 데 20~25초 정도가 필요하다는 것을 알았다. 아론은 질문에 대해서 할 말이 있다고 생각했기 때문에 계속해서 손을 들었던 것이다. 그리고 생각하는 데 필요한 시간을 얻자 만족스러운 대답을 할 수 있었다.

만일 담임선생님이 아이의 그런 마음을 무시했거나 아론이 똑똑하지 않다고 생각했다면 어떻게 되었을까? 교사가 바로 답을 못 하는 아론을 기다리지 않고 자꾸만 다른 아이에게 기회를 줬다면, 그래서 아론이 대답하기를 포기했다면 어떻게 됐을까? 자존감과 학습 능력에 타격을 입었을 것이고, 학급 전체의 학습 분위기에도 지장이 생겼을 것이다.

교사는 다른 학생들도 질문을 이해하고 답을 생각해내는 데 시간이 더 필요한지 궁금해졌다. 그래서 궁금증을 풀기 위해 한 가지 시도를 했다. 아이들에게 질문을 받으면 바로 손을 들지 말고 선생님이 고개를 끄덕일 때까지 기다리라고 말했다. 그렇게 하자 다른 학생들이 먼저 손을 들까봐 신경 쓰지 않고 아이들은 충분히 생각할 시간을 가질 수 있었다. 교사나 다른 친구들을 의식해서 서둘러야 할 부담을 느끼지 않았다.

교사는 맨 먼저 손을 드는 학생 때문에 그 순간 다른 많은 학생들의 생각이 멈춘다는 것을 깨달았다. 생각할 시간을 더 주자 더 많은 학생들이 손을 들고 대답한다는 것을 알게 되었다.

　이 새로운 시도 덕분에 아론과 다른 학생들 모두 교실에서는 맨 먼저 대답하는 것보다는 충분히 생각한 후에 대답하는 것이 중요하다는 것을 알게 되었다. 아이들은 자기 차례가 되었을 때, 생각할 시간을 충분히 가질 수 있다는 것도 알게 되었다. 담임선생님이 이렇게 질문을 할 테니까 말이다. "선생님이 도와줄까, 아니면 시간을 더 줄까?"

이 문제를 다르게 볼 수는 없을까?

학생이 뭔가 부당하고 불공평하다는 생각에 사로잡혀 괴로워하고 있다면, "이 문제를 다르게 볼 수는 없을까?"라는 질문을 던져 상황을 다른 관점에서 볼 수 있도록 도와주자. 학생들이 힘든 상황을 참아내야 할 때도 "이 문제를 다르게 볼 수는 없을까?"라는 말로 피할 수 없는 상황을 받아들임으로써 마음의 평화를 찾을 수 있게 도와주자. 학급 전체가 어떤 상황에 대해 분개하고 있을 때도 "우리, 이 문제를 다르게 볼 수는 없을까?"라는 말로 너그럽고 관대한 마음을 가질 수 있도록 격려하자.

갈등에 빠진 아이는 자신의 시각만을 고집한다. 시야가 좁아져서 한 방향에서만 보게 된다. 따라서 자신의 믿음이 진실이 되고, 그 인식이 사실이 된다.

중학교 1학년 학생들이 2학기 시간표 때문에 잔뜩 화가 나서 담임선생님 앞에서 투덜대고 있었다. 2학기 첫 8주 동안 잡혀 있던 체육시간이 중학생을 위한 자아 인식 및 탐구 프로그램으로 대체되었기 때문이다. "이건 아니잖아요. 부당해요!" 학생들은 불만을 터뜨렸다. "이런 쓸데없는 걸 왜 해요? 그냥 체육 해요!" 교사는 학생들이 열린 마음으로 문제를 바라볼 수 있게 하려고 다음과 같은 질문을 던졌다. "우리, 이 문제를 다르게 볼 수는 없을까?"

뒤이어 학급회의가 열렸다. 학생들은 '이 상황을 어떻게 달리 볼 수 있을까, 상황을 바꿀 수 없다면 어떻게 자신들의 마음을 바꿀 수 있을까'에 대해 각자의 의견을 자유롭게 얘기했다. 학생들의 의견 중에 몇 가지를 정리하면 다음과 같다.

"새로운 도전으로 받아들일 수도 있어."
"그래도 수학시간보다는 낫겠지."
"앞으로는 체육시간이 더 소중하게 느껴질 거야."
"새로운 수업을 통해서 뭔가 색다른 걸 배울 수도 있겠지."

학생들은 이런 사고 훈련을 통해서 같은 상황도 다른 여러 가지 시각으로 볼 수 있다는 것을 배웠다. 상반되는 의견도 공존할 수 있다는 사실을 배울 때 아이들은 보다 효과적으로 문제를 해결하고 갈등을 해소할 수 있게 된다.

"이 문제를 다르게 볼 수는 없을까?"라는 대화법은 학생뿐만 아니라 교사에게도 관점의 전환이 중요하다는 것을 일깨워준다. 한 교사는 점심시간 30분 동안 이 표현을 사용해서 스트레스를 줄일 수 있었다. 그녀가 학교식당에서 점심을 먹으며 잠시라도 편하게 쉬려고 하는데, 누군가가 식당 문을 두드렸다. 문을 열자, 체육교사가 4학년 학생 둘을 붙들고 서 있었다. "이 녀석이 이 녀석을 때렸어요. 그랬더니 이 녀석이 뒤에서 발로 찼고요." 그러더니 두 학생을 문 앞에 두고 가버렸다.

"아, 정말 너무하잖아!" 교사는 혼잣말로 중얼거렸다. "점심시간조차도 쉴 수가 없는 건가!" 그녀는 몹시 속이 상했고, 난감했으며, 자신이 왠지 피해자가 된 것 같았다. 그때 상황을 바꿀 수는 없지만 자신의 마음을 바꿀 수 있는 기회일 수도 있겠다는 생각이 들었다. 깊게 심호흡을 하고 나서 이 대화법을 사용해보기로 했다. 그리고 자신에게 물었다. "이 상황을 다르게 볼 수는 없을까?" 잠시 후 그녀는 다음과 같이 대답했다. "그래, 이 아이들이 문제를 해결하는 요령을 배울 수 있는 좋은 기회라고 생각하자. 물론 나중에 가르쳐도 되지만 당장 눈앞에 벌어진 일이니까. 잘 해보자."

이 교사는 눈앞에 닥친 상황을 재앙이 아닌 기회로 바라봤기 때문에 효과적으로 대처할 수 있었다. 그녀는 도시락을 내려놓고 두 아이에게 다가갔다. 그리고 아이들이 자신들의 상황에 대해서 설명할 수 있도록 도와주었다. 상황에 대한 설명이 끝나자 그녀는 아이들에게 해결책 목록을 작성한 후 서로 합의해서 그 중 하나를 고르라고 했다. 합의된 해결책이 결정되면 알려달라고 말한 후 그녀는 다시 점심을 먹었다. 모두에게 도움이 되는 시각으로 상황을 바라본 자신이 대견했다. 그래서 편안하고 기쁘게 남은 휴식시간을 보낼 수 있었다.

몹시 화가 나고, 속이 상하고, 절망스러울 때마다 다음과 같이 자신에게 물어보자. "이 문제를 다르게 볼 수는 없을까?" 잠시 긴장을 풀고 숨을 크게 쉬어보자. 당신에게 꼭 필요한 해답이 떠오를 거라고 믿자. 그러면 스트레스를 덜 받으면서 보다 긍정적인 방향으로 시각을 바꿀 수 있을 것이다.

"이 문제를 다르게 볼 수는 없을까?"라는 대화법은 어떤 상황을 참고 견뎌야만 할 때, 상황을 바라보는 시각을 바꿀 수도 있다는 사실을 교사와 학생 모두에게 상기시킨다. 상황을 다른 시각에서 바라보는 법을 배움으로써 불가피한 상황에 처하더라도 스트레스나 절망에서 벗어날 수 있을 것이다.

사람마다 필요한 게 각각 다르단다

"제레미는 도서관에 가도 되잖아요. 불공평해요!"
"앨리스는 교실에서 뭘 먹어요. 불공평해요!"
"브래드와 브랜다는 왜 한 페이지만 해요? 불공평해요!"

"불공평해요!"라는 말은 아이들이 흔히 하는 불평이다. 이런 불평은 모든 학생이 똑같은 대우를 받아야 한다는 근거 없는 믿음에서 비롯되었다. '평등 신화'에 사로잡힌 교사와 학생들은 '공평'과 '평등'을 혼동하고 있다.

　교육에서 공평하다는 것은 모든 학생들이 교육 기회를 동등하게 갖는 것을 의미한다. 학교라는 환경 속에서 모든 학생은 일정 수준의 경험을 누릴 자격이 있다. 공평하다는 것은 모든 학생이 똑같은 대접을 받아야 한다는 뜻이 아니다. 세상에는 똑같은 학생이 한 명도 없기 때문에, 모든 학생을 똑같이 대접해야 한다는 논리는 성립하지 않는다. 시력이 나쁜 아이에게 안경을 씌워야 한다는 것을 부정할 사람은 없을 것이다. 그렇다고 모든 아이에게 안경을 씌워야 할까? 그렇게 하면 아이들이 평등해질까? 물론 아니다! 목표는 모든 학생이 선명하게 잘 볼 수 있게 하는 것이다. 안경이 필요한 학생이 있고 그렇지 않은 학생도 있듯이 사람마다 필요한 것이 각각 다르다.

제레미는 조사 방법을 수정해야 하기 때문에 도서실에 간다. 앨리스는 집에 먹을 것이 없어서 교실에서 먹는다. 브래드와 브랜다는 이미 다 배운 내용이기 때문에 한 페이지만 하고 있다. 아이들마다 각자 자기만의 특별한 이유가 있었다. 앞의 사례는 각자의 사정에 맞게 학생들을 대할 필요가 있음을 보여준다.

"사람마다 필요한 게 각각 다르단다"라는 말은 학생들에게 공평함이란 모든 사람이 같은 시간에, 같은 일을, 같은 방식으로 하는 게 아니라는 사실을 이해시키는 대화법이다. 교사가 공평함이란 필요한 것을 필요할 때 갖는 것이라고 가르치면, 학생들은 공평함이 사람 사이의 차이점을 존중하고 포용하는 것이라는 사실을 배울 수 있을 것이다.

교사는 규칙을 잘 지키는 질서 있는 교실을 만들고자 '사람마다 필요한 것은 각각 다르다는 개념'을 약화시키는 규칙을 만들기도 한다. 예를 들어 '대화 금지'는 주제에 관해 토론이 필요한 학생들의 학습의욕을 떨어뜨린다. '제자리에 앉아 있기'는 수업에 참여하기 위해 자리를 이동해야 하는 학생들에게 상처를 준다. 이런 융통성 없는 규칙은 학생들을 순응하게 만들고, 각자 자신에게 필요한 것과 상관없이 모든 아이들을 획일적으로 행동하게 만든다.

규칙이 효과를 발휘하려면 일관성 있게 시행되어야 하는데 교실은 수많은 상황이 발생하고 다양한 개성이 존재하는 곳이다. 규칙에서 중요한 점은 학생이나 교사 모두에게 도움이 되어야 한다는 사실이다. 따라서 규칙은 교사가 원하는 것을 보장하고 지원할 수 있어야 할 뿐만 아니라, 학생들 개개인에게 필요한 것도 충족시킬 수 있는 융통성이 있어야 한다.

'조용히 말하기'나 '선생님이 말할 때는 경청하기'와 같은 규칙은 융통성 있게 차이를 허용한다. '혼자 있기를 원하는 친구를 존중하기'는 거리낌 없는 친구와 대화를 허용하는 한편 혼자 있기를 원하는 친구의 개인적인 공간과 바람도 존중한다.

규칙은 사람들에게 도움이 되기 위해 만든 것이다. 엄격함을 보여주기 위해 일방적으로 적용해서는 안 된다. 어떤 규칙이든지 정상을 참작해야 할 상황과 특수한 경우가 늘 있기 때문이다. 학생들에게 필요한 것은 제각기 다르다.

교사가 어떤 상황에 대해서 규칙을 융통성 있게 적용하면 학생들은 금방 알아차린다. 또 자신들에게 요구되는 행동이 아이들마다 조금씩 차이가 있다는 것도 알게 된다. 어쩌면 교사가 일관성 없게 규칙을 적용한다고 의심할지도 모른다. 교사는 이러한 상황을 잘 활용해서 학생들에게 '다름'에 대해 잘 설명해주자. "사람마다 필요한 게 각각 다르단다"라는 대화법을 활용하여 관용과 이해가 필요할 때가 있음을 가르치는 기회로 삼자.

"사람마다 필요한 게 각각 다르단다"라는 대화법은 사람들의 개성이나 창의성, 다름을 수용하는 태도는 격려하지만 편견, 엘리트주의, 따돌림은 반대한다. 교실에서 교사가 이 대화법을 자주 사용하면 학생들은 배우는 속도가 느리거나 장애가 있는 친구는 열등한 게 아니라 조금 다른 것으로 받아들일 것이다. 재능이 뛰어난 친구 또한 더 우수한 것이 아니라 조금 다른 것으로 받아들일 것이다. 따라서 교실에서 다르다는 이유로 어느 누구도 왕따가 되지는 않을 것이다. 왜냐하면 우리는 모두 다르니까!

모든 사람이 평등할 때는 법을 집행할 때뿐이다. 그러나 학교는 법을 집행하는 곳이 아니다. 아이들이 사려 깊고, 아량이 넓고, 동정심이 많은 개인으로 성장할 수 있게 도와주는 곳이다. 모든 아이는 실제로 다 다르며, 그 차이점을 존중받고 이해받을 자격이 있다. 교사는 아이들이 가장 효과적으로 최대한 배울 수 있도록, 아이들의 차이를 인식할 책임이 있다.

교사가 아이들의 각각 다른 욕구를 파악하고자 노력할 때 모든 아이가 특별해질 수 있다. 차이점이 문제가 아닌 일반적인 현상으로 받아들여지기 때문이다. 당신의 학생들이 전부 타고난 잠재력을 개발하도록 돕고 싶다면 관용과 지혜가 담긴 "사람들마다 필요한 게 각각 다르단다"라는 대화법을 잘 활용하여 이끌어주자.

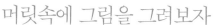

긍정적인 상상을 통해 목표를 이룰 수 있게 돕는 말

머릿속에 그림을 그려보자

잠시 조용히 앉아서 마음을 가라앉혀 보자. 긴장을 풀고 숨을 크게 들이마시고 내쉬어보자. 머릿속에 학생들에게 유익하고 새로운 대화법을 활용하는 자신의 모습을 그려보자. 이 책에 소개한 대화법으로 즐거워하는 자신의 모습을 떠올려보고, 새로운 대화법을 열정적으로 활용하고 있는 자신의 모습을 바라보자. 이제 당신의 말에 긍정적으로 반응하는 아이들의 모습을 보자. 아이들은 점점 책임감이 커지고 자신을 소중히 여기는 모습으로 달라지고 있다. 아이들이 얼마나 협동을 잘하고 서로를 존중하는지 느껴보자. 점점 커가는 내면의 힘과 자존감이 아이의 행동에 고스란히 드러나는 모습을 지켜보자.

이제 하루 일과를 마친 당신의 모습을 그려보자. 편안하고 행복하고 충만한 자신의 모습을 바라보자. 새로운 대화법과 그 결과 덕분에 자신이 얼마나 기뻐하고 있는지에 주목하자. 잠시 동안 그 모습을 한껏 즐기자. 그런 다음 이어서 책을 읽자.

위와 같은 활동을 '긍정적인 상상(positive picturing)' 또는 '정신적인 리허설(mental rehearsal)'이라고 한다. 이 활동은 다가올 일에 대한 긍정적인 과정과 결과를 상상력을 동원해 머릿속에 그려보는 것이다. 상상하는 기술을 잘 이용하면 새로운 대화법을 익혀서 제대로 활용하는 데 도움이 될 것이다.

이 기술을 제대로 사용하려면 원하는 결과를 얼마나 잘 상상하느냐가 관건이다. 원하는 방식으로 행동하는 자신의 모습을 상상할 수 없다면 실제로도 그렇게 할 수 없다. 이 책에 소개한 대화법을 사용하는 자신의 모습을 상상할 수 없다면 실제로도 사용하지 못할 것이다. 머릿속에 긍정적인 그림을 창조함으로써 실제로 성공할 확률을 높이는 것이다.

긍정적인 상상은 저학년·고학년 상관없이 모두에게 사용할 수 있다. 나이 어린 학생들에게는 도서실에 가서 원하는 책을 찾아내는 모습을 머릿속에 그려보게 할 수 있다. 고등학교 학생들에게는 자기소개서를 쓰기 전에 제목, 서론, 본론, 결론을 어떻게 구성할 것인지를 머릿속으로 그려보게 할 수도 있다. 또는 짝을 지어 수업을 진행할 때, 학생들이 평소라면 거의 선택할 가능성이 없는 친구와 한 조가 되는 모습을 상상하게 할 수도 있다. 수업을 마칠 때는 다음날 필요한 교과서, 공책, 연필 등의 준비물을 챙겨서 제시간에 등교하는 모습을 그려보게 하는 것도 좋다.

"머릿속에 그림을 그려보자"라는 대화법은 교사가 학생들에게 기대하는 것을 명확하게 전하는 데 도움을 준다. 이 말을 교사가 학생들에게 원하는 행동이나 성과의 기대치를 전달하는 데 사용해보자. 이 전략을 매일 아침 조례 때마다 잘 활용하는 교사가 있다.

"여러분! 가만히 눈을 감고 긴장을 내려놓으세요. 그리고 우리 반 친구들이 두 팔을 옆구리에 얌전히 붙이고 한 줄로 서서 조용히 강당으로 걸어가는 모습을 머릿속에 그려보세요. 친구 한 명이 여러분의 이름을 부르고 있네요. 여러분은 미소를 지으며 조용히 고개를 끄덕여요. 자! 우리 반 친구들이 모두 빠르게 자리에 앉아서 정면을 보고 있어요. 주변 친구들의 방해에도 흔들리지 않고 차분하게 앉아 있는 자신의 성숙한 모습에 자부심을 느껴보세요."

또 다른 교사가 미술 수업 중에 이런 '정신적인 리허설'을 사용하는 모습을 관찰할 기회가 있었다. 교사는 실제로 활동을 시작하기 전에 머릿속으로 앞으로 전개될 상황을 미리 경험하게 했다.

"오늘 우리는 처음으로 이젤을 사용해서 그림을 그릴 거예요. 모두 눈을 감고 여러분이 이젤에 다가가는 모습을 상상해보세요. 이제 걸음을 멈추고 소매를 걷어 올리세요. 그리고 벽에 걸린 미술용 앞치마를 앞에서부터 뒤로 입어주세요. 앞치마 뒤쪽에 단추가 있는데 보이나요? 친구에게 맨 위 단추를 채워달라고 하세요. 누구에게 부탁했나요? 그 친구를 머릿속에 그려보세요. 이제 그림을 그릴 준비가 다 되었어요. 원하는 색깔의 물감을 고르고, 붓을 들어 물통의 가장자리에 부드럽게 문지르면서 물을 묻혀주세요. 보이죠? 물을 적당히 묻혀야 그림을 그리는 동안 물감이 흘러내리지 않아요. 이제 다른 색깔도 붓에 묻혀보세요. 이제 종이에 어떻게 색깔을 섞어가며 물감을 칠하는지 보세요. 물감을 듬뿍 묻혀 쓱 그어보거나, 살짝만 칠해보거나, 붓을 문질러봅니다. 신나게 그림을 그려보세요. 좋아요, 이제 그림이 다 완성되었어요. 그림이 마음에 들어서 망가지지 않게 이젤 위에서 말리기로 했군요. 양동이에서 스펀지를 꺼내 물을 꼭 짜는 모습을 상상해보세요. 바닥에 흘린 물감을 깨끗하게 닦아주세요. 이제 손을 씻고 물기를 닦습니다. 미술용 앞치마를 벗어서 다시 벽에 걸어놓고, 자리로 돌아와서 자신의 작품이 얼마나 훌륭한지 감상해보세요. 자신이 얼마나 책임감 있고 재능이 있는지도 느껴보세요!"

이젤을 사용해 그림 그리는 과정을 상상한다고 실제 상황에서 물감들이 섞이지 않을 거라고 보장할 수 있을까? 물감이 번지거나 바닥에 떨어지는 것을 막고 이젤 앞에서 당황스러운 일이 발생하지 않을 수 있을까? 물론 아니다. 그러나 교사가 원하는 결과를 얻을 수 있는 가능성은 훨씬 커질 것이다.

'긍정적인 상상'은 학생들이 자기 자신을 보는 시각에 영향을 미치고, 결과적으로는 어떻게 행동하느냐에 영향을 미친다. 자신을 리더로 생각하는 학생은 실제로 리더처럼 행동한다. 자신을 독서광으로 생각하는 학생은 실제로 책을 많이 읽는다.

마틴은 체육 시간마다 몸을 쓰는 데 어설픈 자신이 낙오자처럼 느껴졌다. 마틴의 몸놀림은 또래 친구들과는 확실히 달랐다. 마틴은 늘 자신이 팀에 도움이 되지 않는다고 생각했다. 마틴의 체육 교사는 긍정적인 상상을 능숙하게 유도할 줄 알았다. 그리고 긍정적인 상상의 유익함도 알고 있었다. 그래서 마틴의 상황을 개선하기 위한 활동을 생각해냈다. 체육 교사는 모든 학생들에게 눈을 감고 호흡을 하면서 긴장을 내려놓게 했다. 그러고는 학생들이 능력보다는 노력을 더 중요하게 여길 수 있도록 상상을 유도했다. 체육을 잘 하기 위해 체계적으로 준비하는 것, 팀별 대항에서 발생한 분쟁을 해결하는 것, 품위 있고 겸손하게 승패를 받아들이는 태도가 가치 있다는 것을 상상을 통해 깨닫게 했다. 이 활동 후에 많은 학생들이 몸놀림이 어설퍼 체육을 못하는 마틴에 대한 인식을 바꿨다. 그리고 마틴은 이 상상을 통해 자기 자신을 인정했다. 당장 실력이 향상되지는 않았지만 자신의 자질을 인정하고 자신에 대한 인식을 개선할 수 있었다.

긍정적인 상상은 학생들이 목표에 도달할 수 있게 도와준다. 학생들은 상상력을 동원해서 농구 팀에 들어가거나, 글씨를 능숙하게 쓰거나, 유창하게 책을 읽는 자신의 모습을 그려볼 수 있다. 또는 시험에 합격하거나 과학 프로젝트를 멋지게 마무리해서 기말 숙제를 제출하는 자신의 모습을 상상할 수도 있다. 원하는 것을 상상하는 능력은 목표 달성을 향해 한 걸음을 성큼 내딛게 한다. 학생들에게 긍정적인 상상을 반복하면 자신이 원하는 결과를 얻기 위해 생각이나 상상력을 활용할 수 있다는 사실을 가르쳐 그들의 능력을 한층 키워줄 수 있다.

　학생들이 머릿속으로 그림을 그리는 것은 대뇌 중에서도 우뇌와 관련이 있다. 우뇌는 통합적인 사고와 상상력, 직관을 관장한다. 대부분의 학교교육은 논리적이고 직선적이며 좌뇌를 사용하기 때문에 긍정적인 상상은 뇌를 균형 있게 발달시키는 데 도움이 된다. 학생들이 뇌 전체를 골고루 사용하면 학습능력이 더욱 향상되고, 성공할 가능성도 그만큼 더 커진다.

　다시 한 번 잠시 동안 마음을 가라앉히자. 긴장을 풀고 심호흡을 해보자. 학생들에게 긍정적인 상상을 유도하는 당신의 모습을 머릿속에 그려보자. 정신적인 리허설을 통해 성공적으로 해내는 모습을 상상해보자. 성공의 기쁨을 실컷 느껴보자. 성공의 기쁨을 학생들과 함께 마음껏 즐겨라. 만족감을 충분히 느끼면서 전체 장면을 다시 떠올려보자. 이런 정신적인 리허설을 통해 학생들이 긍정적인 상상을 더욱 효과적으로 사용할 수 있다는 점에 주목하자. "머릿속에 그림을 그려보자"라는 대화법을 능숙하게 사용하는 당신의 모습을 기대하라.

7장

아이를
무기력하게
만드는 말

학생들에게 서두르라는 말을 하기 전에 스스로에게 질문하자.

"왜 서둘러야 하지?

빨리 끝내는 게 단지 편리해서일까,

교육적으로 도움이 되기 때문일까?

내가 진심으로 아이들에게 전달하고자 하는 것은 무엇일까?"

서둘러!

"당장 시작하자."
"빨리 해!"
"어서!"

위의 말들은 모두 "서둘러!"의 다른 버전으로 우리 교육 시스템에 만연한 무조건 빨리빨리 재촉하는 '서두름 병'을 단적으로 보여준다.

'시간이 다 됐다, 집에 가서 해, 나중에 끝내, 중학교 갈 준비를 서두르자, 초등학교 일학년 과정은 유치원에서 다 떼야지, 빠를수록 좋아, 서둘러 진도를 빼자, 목표를 더 높이자, 학년이 끝나가잖아, 시간 다 됐어, 지금 당장 시작하자!'

빨리 하는 것이 왜 그렇게 중요할까? 왜 그렇게들 서두르는 걸까? 속도가 그렇게 중요할까? 더 빨리 하는 것이 학생들에게 어떤 도움이 될까? 그것이 교육적이긴 한 걸까?

끝내기, 그것도 빨리 끝내기에 대한 욕망은 학생들에게 좋을 게 하나도 없다. 그런 빨리 끝내기에 대한 욕망은 학습에서 중요한 개념을 제대로 이해하거나 교재를 깊이 탐구하는 데 역효과를 일으킨다. 건성건성 대충하는 수박 겉핥기식의 공부가 되기 쉽다.

수박 겉핥기식으로 공부하는 한 초등학생이 있다. 리사는 교사가 오전 과제를 내주고 나서 20분밖에 지나지 않았는데 벌써 교실 안을 어슬렁어슬렁 돌아다닌다. 교사는 리사가 다른 학생과 이야기하는 걸 보고, 과제에 집중하라고 부드럽게 말한다. 그러자 리사는 다 했다고 고집을 부린다. 과제 네 가지를 겨우 20분 만에 다 했다고? 교사는 어디 한번 보자고 말한다. 어떻게 됐을까? 리사는 하기는 다 했다. 모든 과제를 대충 끝내기는 했지만, 진지하게 제대로 한 것이 하나도 없었다. 깊이 생각하지도, 제대로 노력을 기울이지도 않았다는 것이 여실히 드러났다. 하기는 다 했다. 모든 과제를 매우 효과적으로 '겉핥기식'으로 했다.

매사가 수박 겉핥기식인 한 중학생은 교사가 과제를 내줄 때마다 "이거 성적에 들어가요?"라고 묻는다. 그 학생은 성적에 들어가지 않는 과제에는 관심이 없다. 이런 학생은 최소한 해야 할 것만 하고 더 이상은 안 한다. 교사가 5를 요구하면 5만큼 하고, 한 단락을 요구하면 딱 한 단락만 할 것이다. 수박 겉핥기식의 태도는 실망스럽지만 학생들에게서 흔히 볼 수 있는 행동이다. 그런데 학생을 그렇게 만드는 것은 교사다. 실제로 교사는 교실 안에서 두 가지를 결합해서 학생들을 수박 겉핥기식으로 행동하게 한다.

첫째는 빨리 끝내는 학생에게만 보상을 주는 것이다. 교사가 하라고 한 것을 마친 아이들에게는 더 이상 숙제가 없다. 그러니 아이들은 놀 수 있다. 빨리 끝낸 아이들은 자유 시간을 더 많이 갖거나, 칭찬을 받는다. 교사는 성적표에도 그에 대한 칭찬을 한다. 따라서 빨리 과제를 마친 아이들의 부모는 자기 자식이 성실하고 협동을 잘한다는 말을 듣는다. 반면 빨리 끝내지 못한 아이들은 궁지에 몰린다. 쉬는 시간이 없어지고, 숙제가 더 생기며, 자유 시간도 빼앗긴다. 교사의 재촉으로 시작한 것을 제대로 끝내지 못할 때도 있다.

아이들은 학교생활을 시작하고 얼마 지나지 않아서, 똑똑한 아이들이 빨리 끝내고 멍청한 아이들이 오래 걸린다는 것을 배운다. 우리 딸 제니가 5학년이 되었을 때다. 딸아이는 최고의 선생님과 최고의 학급을 만났다며 자랑했다. 제니가 그렇게 생각한 몇 가지 이유가 있는데, 그 중 첫 번째가 "이번 학년에는 내가 세 번째로 끝내는 사람"이라는 것이었다. 아이들에게는 반 아이들이 과제를 끝낸 순서를 일일이 알고 있을 정도로 '빨리 끝내기'가 그렇게 중요한 문제다.

두 번째는 교사가 내주는 과제의 유형이다. 교사는 대개 앉은 자리에서 한 번에 끝낼 수 있는 과제를 내준다. 예를 들어 유인물, 문제집, 교과서 단원 마지막에 나오는 문제 풀기 등은 학생들이 정해진 시간 안에 간단히 끝낼 수 있는 활동이다.

이렇듯 학생들이 앉은 자리에서 한 번에 끝낼 수 있는 과제를 계속 내준 다음, 빨리 끝낸 아이에게만 보상을 주는 교사의 수업 진행 방식은 학생들에게 겉핥기식으로라도 서둘러 과제를 끝내게 부추긴다.

서두름 병에 사로잡혀 겉핥기식으로 과제를 하는 학생들의 태도를 개선해주고 싶다면 아이들이 앉은 자리에서 한 번에 끝낼 수 없는 과제를 내주자. 아이들이 며칠 혹은 몇 주에 걸쳐 지속적으로 관심을 기울여야 하는 활동을 개발하자. 지점토 공예 같은 것이 그런 활동의 대표적인 예다. 아이는 며칠 동안 지점토를 붙이고 말리는 과정을 여러 번 반복해야 한다. 그러고 나서는 매끈하게 사포질을 하고 색을 칠해서 마무리 손질을 해야 한다. 절대로 한 번에 끝낼 수가 없다. 이처럼 여러 날 공을 들여야 하는 과제는 겉핥기식으로 할 수가 없다.

아이들이 며칠에 걸쳐 프로젝트를 수정하고 다듬다 보면, 더 깊이 있는 작업을 하게 되고 서두름 병도 고칠 수 있을 것이다. 글쓰기나 미술 활동을 과제로 내서 이런 방법을 시도해볼 수 있다.

서둘러 완성하려는 태도를 늦추는 또 다른 방법은 깊이 있는 작업에 대해 보상하는 것이다. 빨리 완성한 것에 대해서보다는 과제의 완성도, 정밀성, 창의성에 대해 칭찬하고 그 가치를 인정해주자.

서두름 병을 없애는 또 다른 방법은 활동에 시차를 두어 정해진 시간까지 끝내지 못한 학생들에게 마무리할 시간을 주는 것이다. 예를 들어, 수학 문제를 풀게 하고 나서 학급 전체에 책 읽어주는 시간을 배치하는 것이다. 그러면 문제를 푸는 속도가 느린 학생들도 이야기를 즐기면서 수학 문제를 끝까지 풀 수 있다(대부분의 아이들은 이 두 가지를 동시에 할 수 있다!).

학생들에게 서두르라는 말을 하기 전에 스스로에게 질문하자. "왜 서둘러야 하지? 빨리 끝내는 게 단지 편리해서일까, 아니면 학생들에게 교육적으로 도움이 되기 때문일까? 내가 진심으로 아이들에게 전하고자 하는 것은 무엇일까?"

서두르지 말고, 천천히 답을 찾아보기 바란다.

이건 힘들 거야

"오늘은 어렵고 복잡한 나눗셈을 배울 거야."

"2학년 공부는 힘들 거야."

"이 낱말들은 까다로워."

위의 말들은 같은 의미를 지닌 다른 표현들이다. 각각의 말은 하나같이 학생들에게 닥쳐올 활동의 심각성을 강조한다. 이런 가벼운 경고는 학생들에게 도움이 되기보다 오히려 해가 되기 쉽다.

경고는 아무리 좋은 의도를 가지고 해도 학생들의 마음에 의심의 씨앗을 심는다. 앞으로 닥쳐올 일에 대해 부정적으로 예고하며, 자기 충족적 예언(self-fulfilling prophecy, 피그말리온 효과와 같이 기대치나 믿음으로 인해 발생하지 않을 수도 있었던 일이 기대나 믿음대로 실현되는 현상)으로 이어져 부정적인 결과의 시작점이 되는 경우가 많다.

1학년 학생들에게 2학년 공부의 어려움을 자주 상기시키면, 아이들의 마음속에는 '2학년 생활은 정말 힘들다'라는 부정적인 생각이 일찍부터 자리하게 될 것이다. 그 믿음이 실제로 2

학년 생활을 더 힘들게 만들 수 있다. 아이들은 자신의 믿음에 들어맞는 일에만 초점을 맞추기 때문이다. 그렇게 되면 2학년 생활은 정말로 힘들어지는 것이다.

"이번 시험은 쉽지 않을 거야"와 같은 경고는 학생들이 시험을 진지하게 생각하고 더 열심히 공부했으면 하는 의도로 한 말일 것이다. 하지만 이런 식의 표현은 교사가 학생을 겁주지 않으면 시험을 심각하게 받아들이지 않을 거라는 메시지를 전달한다.

가능하면 부정적인 예고는 하지 않는 것이 좋다. 그보다는 학생들이 어려움의 정도를 스스로 결정하는 데 필요한 정보를 주는 것에 초점을 맞추자. '힘들다, 어렵다, 까다롭다'라는 말을 좀 더 구체적이고 확실한 표현으로 바꿔보자. 다음과 같이 아이에게 있는 사실만을 알려주자. "이번 시험에는 총 40문제가 나올 거야. 그 중 세 문제는 서술형이고, 나머지는 괄호 채우기인데 모두 첫 단원에 나오는 내용들이야."

학생들에게 중학교에 가면 힘들어질 거라고 막연하게 경고하는 대신에 중학교에서 기대할 수 있는 것들을 정확히 말해주자. 나눗셈이 어렵다는 것을 강조하지 말고 복잡한 나눗셈을 하는 데 필요한 요령을 자세히 알려주자.

학생들에게 부정적인 기대감을 심어주는 대신에 구체적인 정보를 제공할 때, 교사가 원하는 대로 아이들이 시험이나 과제, 성적을 진지하게 여기도록 마음을 움직일 수 있다.

_____

학생에게 부정적인 꼬리표를 달아주는 말

또 그러네!

"또 그러네!"라는 말은 어떻게 사용하느냐에 따라 긍정적인 효과를 낼 수도, 부정적인 효과를 낼 수도 있다. 어떤 교사들은 이 말을 부정적인 행동을 지적할 때 사용한다. "또 그러네! 또 자리에서 일어났어?" 또는 "운동장에서 싸운다고? 또?"

학생의 부정적인 행동에 대해 지적하려고 할 때는 "또 그러네!"가 별로 도움이 되지 않는다. 교사의 부정적인 기대를 전달하면서 교사가 고쳐주고 싶었던 행동을 오히려 강화하기 때문이다. 이런 식의 대화는 과거의 문제를 현재로 가져와서 아이에게 '~한 아이'라는 꼬리표를 달아줄 뿐 아니라, 교사와 아이 모두에게 현재의 행동을 미래까지 이어지게 유도한다.

"또 그러네!"의 다른 표현으로 횟수 세기가 있다. "네가 숙제를 잊어버린 게 이번 주에만 벌써 세 번째야!" 또는 "오늘만 벌써 다섯 번째야! 한 번 더 자리에서 일어나면 여섯 번이라고!" 만일 교사가 속으로만 횟수를 세는 것이라면 학생의 행동 패턴을 파악하는 데 도움이 될 수 있다. 하지만 입 밖으로 소리 내어 아이에게 말하는 것은 아이의 행동 개선에 전혀 도움이 되지 않는다. 횟수를 센다는 것은 교사가 학생의 현재 행

214

동이 앞으로도 계속될 행동의 일부라고 생각한다는 뜻을 전달한다. 그리고 그 흐름이 계속될 거라는 예측도 암시하고 있다.

학생들에게 현재까지 몇 번이나 했다는 것을 상기시키는 것은 아이들의 관심을 현재의 행동이 아닌 과거로 돌린다. 과거를 바꾸는 것은 불가능하기 때문에 교사는 학생들을 도망갈 수 없게 막다른 골목으로 내모는 셈이다. "또 그러네! 대체 몇 번째야?"와 같은 횟수를 세는 언어 패턴을 중단하고, 학생들을 과거에서 해방시키자. 부정적인 행동을 꼭 지적해야겠다면 현재에만 국한해서 학생들이 지금 하고 있는 일에만 초점을 맞추자.

"또 그러네!"라는 말은 커다란 거울 같아서 교사가 학생들을 어떻게 생각하는지를 아이에게 그대로 비춰준다. 대개는 부정적으로 사용되는 경우가 많지만 이 말을 긍정적으로 사용할 수도 있다. "이번에도 또 과제를 제시간에 제출했어!"라는 말은 긍정적으로 사용된 예다. 이런 말을 들은 학생은 머릿속에 자신을 숙제를 잘 하는 아이로 그린다. "너 또 선생님이 기대한 것 이상으로 해냈구나!"라는 말을 들은 아이는 자신을 기대보다 더 잘 해내는 사람으로 생각할 것이다.

"또 그러네!" 다음에 오는 말을 살펴보면 학생의 자아상에 교사가 어떤 영향을 미치는지 확인할 수 있다. 그 말이 리더십에 대해서든, 정직이나 거짓말에 대해서든, 잘 잊어버리는 건망증에 대해서든 당신의 교실과 학생들의 삶에 그 말과 똑같은 행동을 불러들인다는 점을 명심하자.

이 대화법을 실제로 교실에서 연습해보자. 가르치고자 하는 행동을 하는 학생에게 긍정적으로 "또 그러네!"를 다섯 번 사용해보자. 이 말을 들은 학생이 자신을 보다 긍정적으로 바라보게 되었다면 정말로 축하할 일이다. 학생의 자존감을 키워주는 말을 효과적으로 사용한 당신 자신에게도 아낌없는 찬사를 보내라.

해결책을 찾기보다 처벌에 집중시키는 말

누가 그랬니?

교사는 정보를 얻기 위해 "누가 그랬니?"라고 묻는다. 그러나 이 질문은 얻는 것보다 주는 정보가 더 많다. 정확한 답변을 얻었다면, 일을 저지른 사람의 이름 정도일 것이다. 그와 동시에 교사는 잘못한 사람을 찾아내서 야단치는 것에 관심이 많다는 인상을 준다.

"누가 그랬니?"라는 대화법은 문제의 핵심에서 비껴가게 한다. 무엇이 문제인지보다 누가 문제인지에 관심을 집중시킨다. 누군가를 패배자로 만들고, '나쁜 아이'라는 낙인을 찍으며, 해결책을 찾기보다 누군가를 비난하는 데 초점을 맞춘다.

"누가 개수대에 페인트 붓을 올려놨니?"라는 말은 학생들에게 교사의 감정에 대한 정보를 제공하지 않는다. 지금 당장 어떻게 대처해야 하는지에 대해서도 말하지 않는다. 학생에게 교사가 앞으로 어떤 행동을 기대하는지에 대한 실마리도 주지 않는다. 이런 표현은 가르침의 도구가 아니라 징계를 알리는 전주곡일 뿐이다.

이와 비슷한 표현인 "누가 잘못한 거니?"라는 질문도 도움이 안 되기는 마찬가지다. 최근에 2학년 여자아이 두 명이 이 질문에 서로를 가리키는 모습을 본 적이 있다. 교사가 이런 식으로 말하면, 학생들은 세상을 '나와 그들'의 대결구도로 살아가게 된다. 방어 본능이 작동하여 다른 사람을 희생해서라도 자신을 보호하려고 드는 것이다.

이런 표현에 대한 대안으로 교사가 다음과 같이 상황을 설명하고 자신의 감정을 말해주는 대화법이 좋다고 생각한다.

"개수대에 페인트 붓이 놓여 있는 걸 보니 선생님은 화가 나는구나."
"카펫에 페인트가 떨어져서 선생님은 속이 상했단다."

이런 상황에서는 학생들에게 다음과 같이 구체적인 정보를 주는 것도 효과적이다.

"페인트를 엎질렀네. 스펀지로 닦으면 되겠구나."
"페인트가 떨어지면 카펫에 얼룩이 생긴단다."

위와 같이 교사들이 상황을 설명하고, 자신의 감정을 알리고, 해결을 도와주는 정보를 제공하는 것은 학생들에게 다음과 같은 메시지를 전달한다. 필요한 정보를 가지면 학생들이 문제를 해결할 수 있을 만큼 똑똑하다는 믿음이다.

앞으로는 "누가 그랬니?"라는 말이 나오려고 하면 일단 멈춰

라. 그리고 그 말을 하는 의도가 무엇인지를 자신에게 먼저 묻
자. 누가 잘못했는지를 찾아내는 것과 해결책을 찾는 것 중에
서 무엇이 더 중요할까? 그 대답을 교실 대화법에 반영하자.

이건 쉬운 거야

바비는 연필을 꽉 쥐고 한껏 웅크린 채 앉아 있었다. 두 자리 이상의 나눗셈을 보자 절망한 나머지 긴 한숨을 토해냈다. 교사는 바비가 문제를 풀려고 애쓰는 모습을 찬찬히 지켜보다가 도와줘야겠다고 마음먹었다. 교사는 두 자리가 넘는 나눗셈의 과정을 차근차근 설명해준 다음, 바비를 격려하고 바비의 능력과 지능을 믿는다는 자신의 믿음을 보여주고 싶어서 이렇게 속삭였다. "한 번 해봐, 바비! 넌 충분히 할 수 있어. 이건 쉬운 거야." 하지만 교사는 이 간단한 격려의 말이 바비를 더 절망적인 상황으로 몰아넣었다는 사실을 알지 못했다.

"이건 쉬운 거야"라는 교사의 격려는 오히려 아이의 내면에 두려움을 심어줄 수 있다. 바비는 자신이 무능해 보일까봐 겁이 났다. '선생님은 쉽다고 했는데, 나만 못 풀면 어떡하지? 친구들이 나를 멍청이라고 생각할 거야.'

바비는 "이건 쉬운 거야"라는 교사의 말을 믿기 때문에 자신에 대한 믿음을 잃을 수 있다. 바비가 교사의 말을 믿고 교사를 기쁘게 해주기 위해서 문제풀이에 도전한다면 실패할 확률이 크다. 그 '쉬운 일'에 실패한다면 바비는 의기소침하고 무기력해질 것이다. 그리고 자신을 책망하게 될 것이다. "학교에 다녀봤자 무슨 소용이 있어? 이렇게 쉬운 문제도 못 푸는데. 나는 바보가 틀림없어."

이와 반대로 바비가 교사의 격려에 힘을 받아 문제풀이를 시작할 수도 있다. 두 자리 이상의 복잡한 나눗셈을 거뜬히 해낸 후, 나눗셈이 선생님의 말대로 정말로 쉬웠다는 사실을 알 수도 있다. 바비는 교사가 이미 쉽다고 얘기한 과제를 성공하고서 얼마나 큰 만족을 느낄 수 있을까? 문제를 풀 수 있어서 멍청이로 보이지는 않게 되었다고 안심할 정도일 것이다. 바비는 마음속으로 이렇게 생각할 것이다. '물론 나는 해냈어. 하지만 이건 누구나 할 수 있는 거잖아? 너무 쉬운 거니까."

또 다른 가능성은 바비가 문제를 풀긴 했지만 아주 힘들게 해낸 경우다. 바비는 자부심을 느끼는 대신 어려운 과제를 해내기엔 자신의 능력이 역부족이라고 생각할 수 있다. 교사가 쉽다고 한 과제를 해내기 위해 자신은 안간힘을 써야 했기 때문이다. '쉬운' 과제지만 자기에게는 어려웠기 때문에 바비는 자신의 지능을 의심할 수도 있다. '아무리 최선을 다해도 쉬운 문제를 겨우 푸는 게 고작이니, 난 정말 멍청한가봐.'

이 세 가지 상황을 볼 때, 바비는 교사가 '쉽다'고 했던 문제에 도전해서 자신감을 잃기만 했다.

학생들이 자기 앞에 놓인 문제를 이겨내길 바라고, 교사의 믿음을 아이들에게 전달하고 싶다면, "이건 쉬운 거야"라는 말

대신에 "이걸 해낼 준비가 된 것 같구나"라고 말해보자.

"이걸 해낼 준비가 된 것 같구나"라는 말은 과제의 난이도를 평가하지 않는다. 난이도에 대한 평가는 학생이 스스로 한다. 교사는 아이가 느끼는 난이도와 상관없이, 당시에 느낀 아이의 능력에 대한 자신의 생각을 전달할 뿐이다. 만일 아이가 문제풀이에 성공했다면 속으로 이렇게 말할 것이다. '이걸 해낼 준비가 되어 있었구나. 난 해냈어!' 아이는 자신이 얼마나 열심히 노력했는지에 따라 성취감과 만족감을 느낄 것이다. 반대로 아이가 성공하지 못했더라도 '나는 아직 이걸 해낼 준비가 안 된 것 같아'라고 받아들일 뿐 낙담하지는 않을 것이다. 아이는 교사의 믿음과 자신에 대한 확신에 힘입어 언젠가 준비가 되었을 때 문제를 풀 수 있을 것이다.

교사가 어떤 말을 선택하고 사용하느냐에 따라서 학생들은 자신의 능력을 확신하고, 자부심을 강화하는 자기와의 대화를 즐길 수 있다. 당신은 얼마든지 학생의 능력에 대한 믿음을 전달하고 아이들의 노력을 격려할 수 있다. 이제 교실 대화법에서 "이건 쉬운 거야"라는 말은 지워버리자. 당신이 '이 일을 해낼 준비가 되어 있다'고 믿는다.

제발 나잇값 좀 해라!

패티는 유치원 미술 시간에 꾸미기를 하는데 어떤 색종이를 사용해야 할지 망설이고 있었다. 처음에는 주황색을 집었다가 다시 파란색으로 바꾸고 결국엔 빨간색으로 결정했다. 친구들이랑 색종이를 한 장씩 나눠 가졌는데, 패티는 캔디가 고른 초록색을 보자 자기가 원했던 색이 초록색이라는 생각이 들었다. 교사는 초록색으로 한 번 더 바꿔주었지만, 패티는 자기보다 캔디가 먼저 초록색을 가졌다는 것 때문에 심술이 나서 입술이 뿌루퉁해지더니 마침내 울음을 터뜨렸다. 교사는 화가 나서 패티를 꾸짖었다. "제발 나잇값 좀 해라!"

패티는 사실 나이에 맞게 행동하고 있었다. 6세 아이의 발달 단계에는 변덕, 모순 감정, 고집, 자주 울기 등이 포함되어 있다. 패티는 여섯 살 아이답게 행동했다고 야단을 맞은 것이다. 패티는 교사의 말 속에서 짜증스러움과 거부감을 느꼈고, 자존심에 상처를 입었다. 교사는 정상적인 여섯 살 아이인 패티의 모습을 받아들이지 않았고, 충분히 이해할 수 있는 아이의 행동에 화를 냄으로써 아이의 자존감을 손상시키고 자신도 불필요한 스트레스를 받았다.

인간의 성장 과정과 학생들의 행동 발달 단계를 이해하는 교사라면 아이들이 나이에 걸맞게 하는 행동을 잘못된 행동으로 볼 가능성이 훨씬 적다. 일곱 살 아이들이 잘 잊어버리는 것이나, 10대 아이들의 반항 뒤에 숨은 발달 단계상의 이유를 이해하는 교사는 학생들의 행동을 너그럽게 받아들이고, 아이들에게 도움이 안 되는 "제발 나잇값 좀 해라!"와 같은 말은 자제할 것이다. 보다 차분하고 너그러운 자세로 아이들의 행동에 대처할 것이다. 교사 자신도 짜증이나 스트레스가 줄어서 아이들을 가르치는 데 잘 집중할 수 있을 것이다.

"제발 나잇값 좀 해라!"라는 말에는 아이의 행동을 용납할수 없다는 암시가 들어 있다. 하지만 어떤 행동이 적절한지를 학생들에게 가르치기에는 너무 막연하고 일반적인 표현이다. 아이가 특정한 행동을 하기를 또는 그 행동을 하지 않기를 바란다면, 교사는 현재 아이의 모습을 있는 그대로 받아들이고 대안이 되는 행동을 구체적으로 제시하고 격려해야 한다.

"조엘, 다음부터는 네 차례를 기다리렴. 그러면 네 것을 가질수 있어"와 같이 얘기해주면 학생이 교사가 무엇을 원하는지를 정확하게 이해하는 데 도움이 된다. "패티야, '어떤 것을 고를까 알아맞혀봅시다, 딩동댕!' 하고 고르면 더 쉽게 결정할수 있을 거야"와 같은 말은 패티에게 하나의 방법을 알려준다. "지미, 이렇게 사람이 많은 데서 뛰어다니면 누군가가 다칠 수도 있어"와 같은 말은 식당에서 조용히 걸어야 하는 규칙 뒤에 숨은 이유를 가르쳐준다.

"제발 나잇값 좀 해라!"라는 말은 아이에게 어떤 행동이 올바른지를 이해시키거나 가르치는 데 전혀 도움이 되지 않는다. 오히려 아이를 존중하지 않고 이해하지 못한다는 메시지만 전달할 뿐이다. 당신의 경험이나 교육관, 아이들을 바르게 양육하고 싶은 바람을 적절하게 잘 표현하고 싶다면 교사의 대화법에서 "제발 나잇값 좀 해라"와 같은 말은 삭제하자.

쓸데없는 생각 좀 그만해!

새 학년의 첫날, 교사는 초등학교 1학년 학생들과 학급 규칙을 검토하고 있었다. 교사는 아이들에게 학교에서는 항상 뭔가를 해야 한다고 가르쳤다. 그러자 한 아이가 손을 번쩍 들더니 "선생님, 생각하는 것은요? 생각하는 것도 뭔가 하는 거예요?"라고 물었다. 교사는 잠시도 지체하지 않고 바로 답했다. "아니, 생각하기는 해당이 안 돼."

　아마 대부분의 교사들은 이 교사의 태도가 충격적이라고 생각할 것이다. 하지만 위의 상황은 학교에서 '생각하기'가 얼마나 대접을 못 받는지를 단적으로 보여주는 실제 사례다. 교육심리학자인 블룸Bloom이 동료들과 함께 '인식 영역 분류법(사람의 사고 기능을 회상·이해·응용·분석·종합·평가 등 여섯 단계로 나눈 것)'에 대한 이론을 발표한 지 40년이 지났지만, 아직도 많은 교과서가 이해 수준을 넘어서는 질문은 던지지 않는다. 참/거짓 가리기나 사지선다형 시험이 지배적이고, 과정보다는 결과를 훨씬 중요시한다. 미국 대학수학능력시험인 SAT는 암기를 확실하게 강조한다. 학교에서 이루어지는 지적인 과제는 대부분 단순 암기다. 암기는 블룸의 인식 영역 분류법에서 1단계로 가장 낮은 수준이다. '생각하기'가 타당한 교육 활동이라는 점에 반대할 교사들은 없을 것이다. 그런데도 대부분의 학교에서는 '생각하기' 활동을 지지하거나 장려하지 않는다.

'생각하기'는 보이지 않게 조용하게 진행된다. 그래서 생각하고 있는 학생들은 아무것도 안 하고 있는 것처럼 보인다. 교과 과정에 할당된 시간을 낭비하고 싶지 않기 때문에 학교는 아무것도 안 하는 것을 받아들이지 않는다. 교사는 학생들이 과제를 완성하고 지식을 암기하면서 보내는 시간이 가치 있다고 생각한다. 생각하기를 아무것도 하지 않는 것으로 오해하는 한, 학교에서는 허용될 수 없는 활동이다.

교사는 게으른 학생들은 정신 상태도 게으를 거라고 여긴다. 교사의 눈에 아이들이 아무것도 하지 않는 것처럼 보이면 교사는 학생들에게 "쓸데없는 생각 좀 그만해!"라고 주의를 준다. 아이들이 깊은 생각에 잠겨 있거나 뭔가를 계획하고, 분석하고, 평가하는 데 몰입해 있을 수도 있는데 말이다. 그때 '눈에 보이는 과제를 수행하는 행동'을 우선으로 여기는 교사들이 아이에게 "쓸데없는 생각 좀 그만해!"라고 말하면 학생들의 창의적인 생각은 바로 중단되고 만다.

최근 뛰어난 재능을 가진 성공한 여성들에 관한 연구를 보면, 성공한 여성들은 공통적으로 어릴 때 생각과 공상을 하면서 혼자서 많은 시간을 보낸 것으로 나타났다. 다른 연구에서는 천재나 수재들의 경우 양육 방식에서 차이를 보였다고 전한다. 천재들은 혼자서 보내는 시간을 가치 있게 인정하는 가정에서 성장했고, 그들의 공상이나 상상을 받아주고 격려해주는 가족들이 있었다.

'쓸데없는 생각'도 생각이다. 상상력이 동원되기 때문에, 사실은 가장 훌륭한 생각이다. 세계적인 지도자, 경영자, 발명가, 작곡가, 화가, 작가들은 하나같이 창의적으로 생각하는 사람들이다. 이 위대한 사람들이 '학교에서 과제를 수행해야 할 시간'에 꿈을 꾸고, 공상하고, 상상하지 않았다면 그들을 위대하게 만들어준 생각을 할 수 없었을 것이다.

앞으로는 아이들의 시간표에 매일 '생각하는 시간'을 넣어보자. 수업 시간에서 10~15분 정도를 따로 떼어 학교 공부에 대해 생각해보거나 '생각 놀이'를 해보는 것이다. 두 가지 다 가치가 있다. '생각 놀이'를 통해 다양한 가능성을 시험하고, 학교 공부와 현실 세계를 연결지어볼 수 있는데 이때 상당히 높은 수준의 지성이 작동한다.

생각 시간은 구상하거나 공상하거나 말없이 성찰하는 조용하고 개인적인 시간이다. 아이들은 학교에서 끊임없이 뭔가를 하느라 너무 바쁘다. 그래서 자기가 무엇을, 어떻게, 왜 하고 있는지 생각할 시간이 없다. 이러한 문제를 해결하는 좋은 방법이 매일 짧게라도 생각하는 시간을 갖는 것이다. 아이들이 자신의 생각을 정리하거나 그 생각을 더 확장할 수 있게 토론 시간을 갖는 것도 도움이 된다. 교사가 학생들의 생각을 가치 있게 여기고 지지한다는 것도 보여줄 수 있다. 학습능력뿐 아니라 정신 능력도 함께 발달하기 때문에 모든 과목에서 두드러진 성과를 낼 것이다. 이제부터 날마다 "지금부터 생각하기 시간입니다"라고 안내하며 교사가 생각의 중요성을 말과 행동으로 보여주자.

항상 최선을 다해야지!

"항상 최선을 다해라."
"가치가 있는 일이라면 더 잘 해야지."
"더욱 더 최선을 다하자."

위의 말들은 교내 방송이나 학교 현수막에 자주 등장하는 표현들이다. 학교 교훈으로 쓰이기도 하고, 편지지에 인쇄되기도 한다. 모두 학생들에게 우수함의 기준이 이 정도임을 전달하기 위한 것이다.

"최선을 다해라"와 비슷한 표현들은 기대치를 높여서 목표를 정한다거나 우수한 성과를 거두라고 격려하는 데는 적합한 듯하다. 그러나 사람이 항상 매사에 최선을 다할 수는 없다. 늘 최선을 다하려고 노력하는 것이 바람직하지도 않다. 이러한 표현들은 학생들에게 정말로 전달하고 싶은 메시지와 충돌할 수도 있다.

일상생활에서 우리가 하는 많은 일들은 일부러 의식하지 않아도 자동으로 이루어진다. 잠자리에서 일어나면 자명종을 끄고 이를 닦는 일들을 그냥 한다. 잘 해야겠다는 목표를 가지고 하지는 않는다. 이런 일상에서는 최선을 다한다는 것이 중요하지 않다.

물론 아주 중요한 약속이 있거나 면접을 보는 날이라면 신경 써서 옷을 차려입고 최고로 보이기 위해 노력할 것이다. 그런데 집을 청소하거나 아이들과 퍼즐 맞추기를 하며 시간을 보내는 날은 편안한 운동복 차림으로 지낸다. 멋지게 차려입으려고 애쓸 필요가 없다.

학생들의 경우도 그렇다. 시험이나 특별한 프로젝트에 대해서는 최선을 다해야 할 것이다. 그러나 연습이나 실험을 할 때, 초안을 작성할 때도 목표를 정하고 최선을 다할 필요가 있을까? 처음으로 단편소설 쓰기를 시도할 때는 어떨까? 정말로 학생들이 최선을 다해서 최고의 결과를 내기를 바라는가? 학생들이 자신의 생각을 종이 위에 표현하는 그 자체에 집중한다면 그게 더 도움이 되지 않을까? 필기체를 한 번도 써보지 않은 학생에게 최선을 다해 잘 쓰라고 요구하는 것이 도움이 될까? 편안한 마음으로 새로운 것에 도전할 수 있게 부담을 주지 않는 것이 더 중요하지 않을까? 온힘을 다해 최선을 다하는 것은 더 필요하고 적절한 때를 위해 아껴두는 것이 더 최선일지 모른다.

그렇다면 대체 최선이란 게 뭘까? 사람들은 항상 최선을 다하는가? 학생에게 무엇이 최선인지는 누가 결정하는가? 어떤 사람의 잠재력이 정확히 얼마큼인지 다른 사람이 어떻게 알 수 있는가?

어느 날 딸아이가 몹시 속이 상해서 집에 돌아왔다. 매년 열리는 학년말 시상식이 다가오고 있었고, 학생들은 성적 우수자들이 특별상을 받게 될 거라는 사실을 이미 알고 있었다. 담임선생님이 "너희들이 올해 최선을 다했다면 걱정할 필요가 없을 거야"라고 말했다는데 딸아이는 그 말에 몹시 화가 났던 모양이다. "제가 최선을 다했는지 아닌지 선생님이 어떻게 알 수 있어요?" 앨리슨은 흥분했다. "어떤 애가 전부 D학점을 받았는데 그게 최선을 다한 거라면요? 그런데 다른 애는 전부 다 A를 받았지만 그게 최선을 다한 게 아니라면요? 상을 받지 못하면 다들 제가 최선을 다하지 않았다고 생각할 거 아니에요!" 딸아이의 고민은 심각했다.

결국 그 반의 모든 학생들이 상을 받았다. 그런데 그 반 아이들 모두가 최선을 다했을까? 정말로 최선을 다한 사람이 있기는 했을까? 자신이 최선을 다하지 않았다는 것을 아는 학생들은 상을 받은 것에 대해 어떻게 생각할까? 자신은 상을 받을 자격이 없다고 느끼지 않을까? 아니면 '최선을 다한다'는 철학은 엉터리고, 어른들이 늘 입에 올리는 모순된 표현이라고 생각하지는 않을까?

"항상 최선을 다해야지!"와 같은 대화법에는 또 다른 문제가 있다. 성적이 좋은 아이들에게는 그 말 자체가 스트레스가 될 수 있다는 점이다. 동기부여가 높은 학생들은 누가 시키지 않아도 스스로 최선을 다하도록 밀어붙이는 완벽주의 성향이 발달해 있다. 그 아이들은 "내가 충분히 최선을 다하고 있는 걸까?"라고 스스로를 의심하면서 불안한 상태로 지낸다. 슬프게도 그 아이들에게 '최선'은 언제나 충분하지 않다. 항상 "최선의 수준을 더 높일 수 있다"고 믿기 때문이다. 이런 아이들은 늘 최고의 결과를 만들어내는 데 초점을 맞춘다. 삶의 전반에 걸쳐 모든 프로젝트에 최선을 다하고 있으면서 자기 자신을 끝까지 밀어붙인다.

"항상 최선을 다해야지!"라는 말을 줄곧 듣고 자란 아이들이 모두 완벽주의 성향을 보이는 것은 아니다. 대신 이 아이들은 자기 자신을 학교에서 열등하고, 무능하다고 생각한다. 완벽주의보다는 배우는 과정의 즐거움을 선택한 아이들도 있는데, 마음속으로는 최선을 다하지 않았다는 데 대해 죄책감을 느낀다.

"최선을 다해라"라는 말을 통해 교사가 진짜로 전하고자 하는 메시지는 "이건 아주 중요한 일이야!"다. 교사가 학생들에게 "최선의 수준을 더 높여봐!"라고 말할 때는 "네가 아주 진지한 태도로 과제를 했으면 좋겠어"라는 메시지를 전하고 싶은 것이다. 그렇다면 어떻게 해야 교사의 바람을 학생들에게 제대로 전달할 수 있을까?

우선 당신의 교실 대화법에서 "최선을 다해야지!"와 같은 상투적인 표현은 지워버리자. 학생들은 교사가 정말로 하고자 했던 말을 솔직하게 했을 때 더 긍정적으로 반응할 것이다. 그래야 직접적이고 의미 있는 정보가 제공되기 때문이다. 중요한 시험이 있으면 직접적으로 사실을 말해주고, 수업시간에 시간 제한이 있는 테스트를 한다면 있는 그대로 학생들에게 알려주자.

"최선을 다해라"와 같은 상투적인 대화법으로 뭉뚱그려 말하지 말고 아이들에게 전하고자 하는 메시지를 구체적인 언어로 다양하게 표현해보자. 그리고 "최선을 다해라"라는 말은 학생들이 우수한 성과를 거두기 위해 반드시 에너지와 의욕을 다 끌어내야 하는 흔치 않은 경우를 대비해서 아껴두자. 정말로 "최선을 다해라"라는 말이 필요할 때를 위해서 말이다.

8장

서로 협력하며
유대감을
키우는 말

갈등 상태에 놓인 아이들은 대개 '이기는 것'에 집중한다.

경험상 타협하면 원하는 뭔가를 포기해야 한다고 배웠기 때문이다.

이기고 지는 승패의 관점이 아닌 원하는 것과 필요한 것의 관점에서

서로 협력해서 해결책을 찾게 하려면 어떻게 이끌어줘야 할까?

선생님이 문제를 해결할 수 있게 네가 도와주면 좋겠구나!

- 재키는 껌 씹기를 좋아한다. 대부분의 교사들이 신경 쓰지 않지만, 가정 선생님은 달랐다. 이미 이번 주에만 세 번째 껌 씹기에 대해 경고했다. 이번에는 방과 후에 재키를 불렀다.

- 밥은 수학을 좋아하고 수학 선생님을 존경한다. 그러나 종종 수학책을 가져오는 것을 잊어버린다. 지난주에도 두 번이나 그랬는데, 오늘도 수학책을 가져오지 않았다. 그러자 수학선생님은 점심시간에 면담을 하자고 했다.

- 세라는 유치원과 친구들, 반스 선생님을 좋아한다. 특히 카펫에 둘러앉아 선생님이 동화책을 읽어주면서 그림을 보여주는 시간을 좋아한다. 세라는 이야기에 너무 몰입한 나머지 반스 선생님이 호흡을 가다듬으려고 잠시 말을 멈추는 동안 불쑥 끼어들어 수업 진행을 방해하곤 했다. 선생님이 세라에게 쉬는 시간에 잠깐 이야기를 하자고 했다.

위의 교사들은 공통점이 있다. 우선 하나같이 학습 과정을 방해하는 행동을 하는 학생이 있고, 반복되는 상황에 지쳐서 학생과 단둘이 면담하기로 했다는 것이다. 교사들은 내가 가장 좋아하는 표현들 중 하나인 "선생님이 문제를 해결할 수 있게 네가 도와주면 좋겠구나"라는 말로 대화를 시작할 것이다.

교사들은 학생과 일대일로 문제해결을 위해 면담을 할 것이다. 학생은 자신의 잘못된 행동을 돌아보고, 함께 해결책을 찾아보자는 부탁을 받을 것이다. 이 방법이 성공하려면 '문제를 안고 있는 사람이 학생이 아니라 교사 자신이라고 생각하는 것'이 매우 중요하다.

재키가 수업시간에 껌을 씹는 것이 가정 선생님의 눈에 거슬린다면 재키의 문제가 아닌 선생님의 문제다. 반스 선생님이 세라가 자꾸 자신의 말에 참견하는 것에 짜증이 난다면 그것도 반스 선생님의 문제다. 수학 선생님이 밥에게 책을 챙겨주려고 수업을 중단해야 한다면 그것 역시 수학 선생님의 문제인 것이다.

대개의 교사들은 위와 같은 경우에 학생에게 문제가 있다고 생각하는 것 같다. 어쨌든 수업시간에 껌을 씹고, 교과서를 준비하지 않고, 선생님이 말하는 데 끼어든 것은 학생이기 때문이다. 그래서 규칙을 어긴 학생 쪽에 문제가 있다고 생각하는 것이다.

그러나 다른 시각으로 본다면 껌을 씹는 것은 재키에게 큰 문제가 아닐 수 있다. 단지 선생님 눈에 거슬릴 뿐이다. 또 선생님 말에 끼어드는 것이 세라를 불편하게 하지는 않는다. 교사에게 방해가 될 뿐이다. 이런 경우 학생이 행동을 달리했을 때 교사와 학생 모두에게 득이 되는 것은 확실하지만, 실제로 문제가 되는 것은 교사 쪽이다.

그런데 교사가 학생에게 문제가 있다고 생각하고 문제해결을 위한 면담을 진행한다면, 당연히 학생이 잘못한 것처럼 말하고 행동할 것이다. 말과 행동이 부드럽고 다정하더라도 학생은 비난받고 있다는 기분에서 벗어날 수 없을 것이다. 그래서 학생들은 흔히들 반항적이거나 방어적인 태도를 보인다. 누군가가 자신들을 밀어붙인다고 느끼면 그들 역시도 밀어내려고 한다. 이렇게 되면 학생들은 순수한 마음으로 교사의 문제를 귀담아 들을 수도, 해결책을 찾는 일을 도울 수도 없다. "너한테 문제가 있어"라는 접근법은 결국 실패로 끝날 것이다.

반면, 교사가 "선생님이 문제를 해결할 수 있게 네가 도와주면 좋겠구나!"라는 자세로 접근한다면 학생들은 자신이 존중받는 기분을 느낄 것이다. 교사가 자신에게 정중하게 협조를 구한 것으로 받아들여 교사를 적대시하지 않고, 교사의 문제를 이해하려고 노력할 것이다. 학생의 협조가 이루어져 교사와 학생이 모두 문제해결 과정에 참여하게 되는 것이다.

교사가 학생들에게 문제해결을 도와달라고 부탁하면 해결책을 찾는 과정에 학생을 적극적으로 동참시킬 수 있다. 학생이 어떤 문제를 해결하기 위해 스스로 참여하게 만들면 실제로 효과적인 해결책을 찾을 확률도 훨씬 높아진다.

앞에서 소개한 세 명의 교사는 모두 자신에게 문제가 생겼다는 것을 알았고, 그 문제를 해결하기 위해 학생들에게 도움을 요청했다. 재키와 선생님은 일주일에 하루만 껌을 씹기로 합의했다. 밥은 쉬는 시간에 수학책을 미리 가져다놓기로 했다. 앞으로는 수업을 시작하고 나서 사물함에 갈 필요가 없을 것이다. 세라와 반스 선생님은 세라가 말하기 전에 기다려야 한다는 걸 알려주는 둘만의 특별한 수신호를 개발했다. 이렇듯 교사가 학생을 존중하고 배려하는 방식으로 이야기를 나눈 것만으로 학생들은 교사의 문제에 관심을 보였고, 실제 행동에도 상당한 변화가 있었다.

위 교사들의 행동에는 공통점이 많다. 모두 학생이 문제해결 과정에 적극 참여하도록 도왔고, 교사의 지위를 이용해 강요하지 않고도 학생과 함께 서로가 받아들일 수 있는 해결책을 찾았다. 효과적으로 문제를 해결하는 방법과 바람직한 의사소통의 본보기를 보여주었다. 그 과정에서 교사들은 "선생님이 문제를 해결할 수 있게 네가 도와주면 좋겠구나!"라는 대화법의 가치를 확실히 발견할 수 있었다.

어떻게 하면 너희 둘 다
원하는 걸 얻을 수 있을까?

중학교 1학년인 제인과 지미는 한 조가 되어 사회 숙제를 함께 하게 되었다. 교사가 협동해서 숙제를 하라고 시간을 줬다. 그 시간 동안 두 아이는 열띤 토론을 벌었다. 열띠다 못해 심각한 말다툼으로 번질 조짐이 보였다.

> 지미 : (비난하듯) 왜 너는 협조를 안 하는 건데?
> 제인 : 그러는 넌 왜 모든 걸 네 멋대로 하는데?

교실의 위기를 눈치 챈 교사는 두 아이에게 다가가서 차분한 목소리로 말했다.

> 교사 : 너희들한테 문제가 생긴 것 같구나!
> 지미 : 자료를 조사하러 도서실에 가야 하는데 애가 협조를
>   안 해요!
> 제인 : 저는 교실에서 숙제를 하고 싶어요!
> 교사 : (두 아이의 어깨를 쓰다듬으며) 지미, 네가 원하는 건 뭐니?
> 지미 : 저는 도서실에 가고 싶어요.

교사 : 계속 얘기해보렴.

지미 : 저희는 자료가 3가지밖에 없어요. 숙제를 제대로 하려면 3가지 자료가 더 필요해요.

교사 : (지미의 말에 토 달지 않고) 제인, 네가 원하는 건 뭐니?

제인 : 저는 도서실에 가기 싫어요. 다음 시간에 밴드 연습하러 가야 한단 말이에요. 도서실에 갔다가 밴드 연습하러 가려면 늦을 거예요.

교사 : 네가 원하는 걸 정확하게 얘기해줄래?

제인 : 저는 밴드 연습시간에 늦고 싶지 않아요.

교사 : (아이들의 말을 다시 정리해서) 좋아, 제인은 밴드 연습시간에 늦지 않게 가고 싶고, 지미는 숙제에 참고할 자료를 더 많이 원하는구나. 그렇지?

지미, 제인 : (고개를 끄덕이며) 네.

교사 : 그렇다면 어떻게 하면 너희 둘 다 원하는 걸 얻을 수 있을까? 둘이 같이 이야기해서 둘 다 받아들일 수 있는 답을 찾아보렴. 답을 찾으면 선생님한테 얘기해줘.

잠시 후 지미와 제인이 교사에게 다가왔다. 둘 다 만족스러운 표정이었고 평소처럼 다정해 보였다.

지미 : 저희는 도서실에 가서 30분만 있다가 돌아오려고요. 그럼 제인이 밴드 연습에 늦지 않을 거예요.

교사 : (활짝 웃으며) 너희들이 문제를 잘 해결해서 선생님도 아주 기쁘구나.

나중에 교사는 학생들과 문제의 본질을 새롭게 확인하고 나서 함께 해결책을 찾았던 과정을 다시 이야기할 것이다. 제인은 도서실에 가는 것은 싫지 않았다. 진짜 문제는 밴드 연습시간에 늦는 것이었다. 사실 지미는 도서실에서 작업하든 교실에서 작업하든 상관없었다. 그는 단지 숙제에 참고할 자료를 더 많이 원했다. 해결책은 두 학생 모두에게 만족스러웠다. 아무도 원하는 걸 포기할 필요가 없었다. 둘 다 원하는 것을 얻었다.

"어떻게 하면 너희 둘 다 원하는 걸 얻을 수 있을까?"라는 대화법은 서로 존중하고 협력하도록 북돋아준다. 이런 표현은 학생들이 문제의 본질을 새롭게 확인하고 받아들일 만한 해결책을 찾기 위해 협력하게 한다.

협력의 사전적 정의는 '공통의 목표를 향해 함께 노력하는 것'이다. 여기서 핵심어는 '공통'과 '함께'다. "어떻게 하면 너희 둘 다 원하는 걸 얻을 수 있을까?"라는 질문은 아이들이 공통의 해결책을 찾기 위해 함께 노력하도록 도와준다.

갈등 상태에 놓인 아이들은 대개 '이기는 것'에 집중한다. 그들의 경험상 타협하면 원하는 뭔가를 포기해야 한다고 배웠기 때문이다. 이타심이 강한 아이조차도 자신이 원하는 어떤 것을 잃어야 한다면 타협하기를 꺼린다.

"어떻게 하면 너희 둘 다 원하는 걸 얻을 수 있을까?"라는 대화법은 아이들이 이기고 지는 승패의 관점이 아니라, 원하는 것과 필요한 것의 관점에서 문제의 본질을 새롭게 확인하도록 도와준다. 이 말을 듣기 전까지는 존재하지 않았던 것처럼 보였던 새로운 가능성이 열린다. 이 표현은 서로 협력하도록 북돋아 모든 사람이 이길 수 있게 해준다. 교사는 학생들이 문제를 해결하기 위해 협력하면 다 같이 이길 수 있다는 것을 알게 도와주자. 학생들이 어떤 문제에 가로막혀 한 걸음도 나아가지 못하고 있으면, 교사가 얼마나 자신들을 신뢰하고 응원하는지를 보여주는 질문을 던져보자. "어떻게 하면 너희 둘 다 원하는 걸 얻을 수 있을까?"

넌 누구 편인지 말해봐!

경쟁하는 게임, 법정, 전쟁에는 '편'이 존재한다. 이쪽 편이 있으면 반드시 저쪽 편도 있어야 한다. 그러나 유대감, 소속감, 일체감이 장려되는 협력적인 교실에서는 '편'이 들어설 자리가 없다. '편'이라는 말은 누군가 옳고 다른 누군가는 그르다는 암시를 주며, 적대적인 관계를 강화한다. "넌 누구 편인지 말해봐!"라는 말은 한 아이와 다른 아이를 겨루게 한다. 이런 표현은 '나와 너'의 대결구도를 만들어 사람들이 서로 간에, 서로의 입장 사이에 거리를 두게 만든다. 결국 단절감을 일으켜 양극화를 가져온다.

교사는 "넌 누구 편인지 말해봐!"라고 말하는 대신 학생들의 생각을 말하게 하고, 그 생각을 이해하기 위해 노력하는 것이 바람직하다. "어떻게 그런 생각을 했니?" "넌 어떤 것 같아?" "네 생각은 뭐야?" 등은 그런 표현의 예들이다.

학생들에게 자신의 생각을 표현할 기회를 주면 생각에 대한 이유나 근거, 자신이 내린 결론을 다양하게 설명할 것이다. 그러한 차이를 잘 들어주고 인정해주면 학생들은 서로 다른 생각이 양립할 수 있다는 걸 자연스럽게 배운다. 하나가 존재한다고 해서 다른 하나를 제거할 필요는 없다.

둘 이상의 학생들에게 "어떻게 그런 생각을 했니?"라고 물으면 서로 다른 반응이 나올 것이다. 답이 서로 다르더라도 틀린 답은 없다. 아이들은 어떤 상황에서든 자신의 생각을 가장 잘 아는 전문가다. 인식, 생각, 믿음이 충돌할지라도 모든 관점은 존중받아야 하고 전체의 일부로 다루어져야 한다.

협력, 유대감, 상호 존중은 행복한 교실을 만드는 데 필수적인 요소들이다. 교실에서 이러한 태도를 키워주려면 학생들 모두가 같은 편이라는 걸 알 수 있게 해주는 언어를 선택해야 한다.

우리 반에는……

> "우리 반에는 밴드 활동을 하는 친구가 있어."
> "우리 반에는 운동을 잘하는 친구가 있어."
> "우리 반에는 개별 과제를 하는 친구가 있어."
> "우리 반에는 수학을 잘하는 친구가 있어."
> "우리 반에는 우등상을 받은 친구가 있어."

교사는 자신도 모르게 보이지 않는 선을 그어 교사와 학생을 분리시킨다. 학생들이 복도를 뛰어다니거나 친구의 숙제를 베끼거나 서로 놀리며 욕하는 모습을 볼 때, 교사는 '교사 대 학생들' 혹은 '나와 그들'로 구분해 자신을 교사라는 우월한 위치에 올려놓은 상태에서 학생들을 야단치거나 비난하기 쉽다. 이런 분리감은 아이들과 원활하게 소통하는 데 도움이 되지 않는다. 교실 대화법에서 '나'가 아닌 '우리'를 강조하는 표현을 자주 사용해보자.

"우리 반에는……"이라는 말은 교사와 학생들이 서로 연결되어 있고, 모두 인간이라는 공통된 특성을 지니고 있다는 사실을 전달한다. 또한 교실에서 '교사와 학생'의 대결구도가 생기지 않게 전체를 아우르는 표현이다. 이 대화법은 교사와 학생 모두가 더 큰 전체의 중요한 일부를 차지하는 개개인이라는 것을 학생들에게 전달한다. 학생들이 자기중심적인 생각에서 벗어나 '우리'라는 전체를 바라보는 시각을 갖게 해준다.

교사가 "우리 반에는……"이라고 말하면, 교사와 학생들의 공통분모에 관심의 초점이 맞춰지면서 서로가 자연스럽게 유대감을 느끼게 된다. 교사와 학생 모두가 하나라는 것을 전제로 전체 속에서 자신이 차지하는 부분을 볼 수 있게 된다. 이렇게 '나와 그들'이라는 분리된 의식에서 벗어나 '우리 모두'로 관점을 확장할 때, 교사와 학생들 모두가 함께하는 조화로움을 배울 수 있다.

선생님한테 묻기 전에
세 명에게 물어볼래?

학생 스물여덟 명이 수학 문제 한 페이지를 조용히 풀고 있다. 이 단원의 연습문제를 아이들이 개별적으로 풀기 전에 교사가 충분히 설명을 했는데도, 몇몇 학생들은 여전히 어려워한다. 학생들이 교사의 도움을 요청하며 여기저기서 손을 든다. 교사는 최대한 빨리 교실 안을 돌아다니면서 문제에 대해 설명해주고 문제를 풀 수 있도록 격려해주지만, 학생들은 자기 차례까지 기다리는 데 조바심이 난다. 교사도 학생도 시간을 낭비하는 것 같아 불만스럽다.

"선생님한테 묻기 전에 세 명에게 물어볼래?"와 같은 대화법은 교사가 일관성 있게 사용하고 교사의 적절한 행동이 뒷받침된다면, 위와 같은 불만스러운 상황을 피할 수 있게 해준다. 이 표현에는 '교실에서 가르칠 수 있는 사람은 교사만이 아니라는 것'과 '배움은 상호의존적'이라는 메시지가 들어 있다.

"선생님한테 묻기 전에 세 명에게 물어볼래?"와 같은 표현을 활용하면 학생들을 도와야 할 책임을 교사 혼자서 지지 않아도 된다. 교사에게 도움을 청하기 전에 학생들끼리 서로 도움을 주고받게 할 수 있다. 이제 학생들은 혼자 문제를 풀다가

막힐 때 자신의 차례까지 교사를 기다리느라 시간을 낭비할 필요가 없고, 교사는 자세한 설명이 필요한 학생들에게 더욱 집중할 수가 있다.

"선생님한테 묻기 전에 세 명에게 물어볼래?"와 같은 말은 학생들이 자기 자신은 물론이고 서로를 더욱 가치 있는 사람으로 바라보게 도와준다. 또 자신들에게 서로를 도울 수 있는 능력과 의지가 있음을 알게 해준다. 아이들은 서로 도움을 주고받는 방법을 익히면서 배울 줄도, 다른 사람이 배우는 것을 도울 줄도 알게 된다. 이런 과정 속에서 자립심, 상호의존, 협동의 개념을 적극적으로 경험한다. 아이들이 서로에게 의존하는 경험을 자주 할수록 유대감과 신뢰가 깊어지고 관계는 더욱 돈독해진다.

앞으로 학생이 당신에게 도움을 요청하거든 자신을 없어도 되는 불필요한 존재로 만들어라. 그 학생에게 "선생님한테 묻기 전에 세 명에게 물어볼래?"라고 말해주기만 하면 된다.

너희 조에서 누군가는 알 거야

사회 시간에 조를 나눠 수업을 하거나, 과학 시간에 조별로 실험을 하거나, 협동학습모형을 위주로 한 수업을 설계할 때, "너희 조에서 누군가는 알 거야"라는 말은 매우 유용한 대화법이다. "너희 조에서 누군가는 알 거야"라는 말을 통해 교사는 조원들은 서로에 대해 책임을 질 수 있어야 한다는 메시지를 전할 수 있다. 그리고 주어진 문제를 해결하는 데 필요한 방법은 조 가까이에 있으니 조 안에서 답을 찾거나 아이디어를 구해야 한다는 교사의 기대도 전달한다.

교사가 조별 발표를 할 때 반드시 포함시켜야 할 사항들을 가르쳐주고 나서 2분이 지나자 빌이 묻는다. "일곱 가지를 다 해야 해요?" 그럴 때 교사는 이렇게 대답하면 된다. "너희 조에서 누군가는 알 거야."

조별 활동을 시작하고 중반에 접어들자 보니가 묻는다. "지난번처럼 조원 이름을 다 적어야 해요?" 교사의 대답은 마찬가지다. "너희 조에서 누군가는 알 거야."

주어진 시간이 끝나갈 무렵, 흥분한 한 학생이 불쑥 질문한다. "이거 다 끝내면 뭘 해요?" 같은 조에 누군가가 바로 대답한다. "그건 내가 알아. 우린 같은 조잖아."

학생들이 위와 같은 반응을 보일 때 교사는 가르치는 보람과 재미를 느낄 수 있을 것이다. 그런데 이런 반응은 우연히 일어나지 않는다. 교사가 아이들의 질문에 바로 답하는 대신 목표가 뚜렷한 조별 활동을 통해 아이들의 상호작용을 활발하게 이끌어내야 가능한 일이다.

학생들의 조별 활동에 직접 개입하는 것이 자신들의 할 일이라고 생각하는 교사도 있다. 이 교사들은 어떤 조가 끙끙대고 있으면 자체적으로 해결할 때까지 기다리지 못하고 바로 가서 문제를 해결해준다. 학생들의 질문에도 바로 답을 해준다. 자신들이 해결해주지 않으면 학생들이 스스로 문제를 해결할 수 없다는 메시지를 말과 행동으로 전달한 셈이다.

하지만 학생들의 상호작용을 이끌어내는 것을 중요하게 생각하는 교사들은 조원들에게 문제를 돌려주는 것이 교사가 할 일이라고 생각한다. 어떤 조가 끙끙대고 있어도 뭐가 문제인지 생각해보게 할 뿐 답을 제시하지는 않는다. 질문을 받으면 질문을 다시 돌려주고 아이들 스스로 답을 찾게 한다. 말과 행동을 통해 자신들이 바로잡아주지 않아도 학생들이 스스로 잘해낼 수 있다는 메시지를 전달한다.

조별 활동을 시작하기 전에 당신이 어떤 역할을 할 것인지에 대해 학생들에게 알려주자. 각 조마다 과제를 완수할 능력과 자원이 있음을 믿는다고 말해주자. 조원들이 고민하거나 도움을 요청하면 당신이 어떻게 할 것인지 미리 말해주자. 그리고 당신이 하겠다고 말한 그대로 수업을 진행하면 된다. "너희 조에서 누군가는 알 거야"라고 말하는 것을 기억하자.

조를 대표하는 질문이니?

때로는 조 안에서 대답을 못 해주는 질문이 있을 수도 있다. 조원들끼리 서로에게 질문해보지만 만족스러운 답이 나오지 않는 경우다. 이럴 때 교사는 어떻게 해야 상호작용을 유도하면서도 학생들이 궁금해 하는 답을 알려줄 수 있을까?

상호작용을 중요시하는 교사들은 학생들이 서로에게 의지하도록 부추긴다. 교사는 각 조별로 '자기 조가 생산적이고 독립적으로 문제를 풀어가는 데 필요한 자원을 가지고 있다'고 믿기를 바란다. 학생들의 상호작용을 유도하는 교사는 조별 활동을 시작하기 전에 교사 역할을 분명히 하고, 지시사항을 명확하게 전달한다. 조원들이 효과적으로 문제를 풀어갈 수 있는 충분한 자원을 이미 갖고 있다는 점도 알려준다. 학생들이 질문하면 우선은 "너희 조에서 누군가는 알 거야"라고 대답하겠다고 일러준다. 그래도 조 안에서 답을 찾지 못하면 조원들과 함께 조를 대표하는 질문을 작성할 수 있게 하자.

조원들이 모두 질문을 이해하고 조원들 간에 충분히 토론했는데도 만족스러운 답을 얻지 못했다면, 어떤 질문이든지 조를 대표하는 질문이 될 수 있다. 조를 대표하는 질문이 있을 때 학생들이 손을 들면, 교사는 조원들에게 다가가서 "조를 대표하는 질문이니?"라고 묻는다. 이때도 교사는 조원들의 상호작용을 이끌어내야 한다. 조원 모두가 동의하면 교사는 조원 가운데 아무나 한 명을 골라 질문을 하게 한다. 처음 손을 든 학생 말고 다른 학생에게 질문을 하게 한다. 조를 대표하는 질문을 명확하게 표현할 때 교사는 대답을 해준다. 만일 조를 대표하는 질문을 제대로 하지 못했을 때는 조를 대표하는 질문의 조건이 충족되지 않았으므로 교사는 질문을 다시 돌려주고 더 생각해보게 한다.

교사가 일관성 있는 태도로 학생들의 상호작용을 유도하면 학생들은 교사의 도움 없이도 조 안에서 점점 빨리 문제를 해결할 수 있게 된다. 그렇게만 된다면 정말로 축하할 일이다. 학생들이 서로에게 의지하면서 서로를 도울 수 있다는 교사의 믿음과 그 믿음을 현실로 만든 교사의 끈기가 거둔 성과이기 때문이다.

친구를 다정하게 만져야지

한 연구 결과에 따르면, 매일 여덟 번 이상 포옹하는 것이 정신건강에 좋다고 한다. 또 다른 연구에서는 사람들이 적절한 스킨십을 나눌 때 사람이나 국가 사이의 갈등이 크게 줄어들 거라고도 한다. 신생아나 노인의 경우, 신체적인 접촉이 부족하면 죽음에 이를 수도 있다는 것은 입증된 사실이다.

현대인은 '스킨십에 대한 갈망(skin hunger)'으로 고통받는다. 이러한 스킨십 부족은 우리의 신체 건강과 정신 건강을 악화시키고 행복지수를 낮춘다. 따라서 교사가 아이들에게 다정하고 적절한 스킨십을 나눌 수 있게 가르치는 것은 매우 중요하다. 이를 위해서 교사는 다정하고 따뜻하게 스킨십을 나누는 모범을 보여주고, 그런 환경을 만들어줘야 한다. 그리고 "친구를 다정하게 만져야지!"와 같은 대화법으로 건강한 스킨십을 권장하는 것도 중요하다.

아이들은 스킨십을 나누면서 성장하기 위한 환경을 조성해나가고, 다른 사람과 유대감을 나눈다. "친구를 다정하게 만져야지"라는 말로 스킨십을 권장하는 것은 아이들에게 배움과 성장의 기회를 준다. 또 교실 안에서 적절한 스킨십이 허용되고 존중된다는 것을 전달한다. "친구를 다정하게 만져야지"라는 말은 "손을 가만히 둬!"보다 더 매력적이고 아이들에게 도움이 되는 말이다. 교사가 진심을 담아 말했을 때 아이들은 교사가 원하는 긍정적인 상상을 하게 된다.

유치원에서 한 아이가 다른 아이를 밀칠 때, "친구를 다정하게 만져야지"라고 말해주자. 3학년 아이들이 점심시간에 서로를 쿡쿡 찌르면서 장난을 칠 때도 "친구를 다정하게 만져야지"라고 말해주자. 6학년 아이가 "나는 네가 좋다니까"라고 말하면서 친구의 배를 주먹으로 때리거든 그때도 "친구를 다정하게 만져야지"라고 말해주자.

안타깝게도 많은 아이들이 자신이 원하는 손길을 제대로 받지 못하고 있다. 아이는 친구를 밀치거나 때리면서 스킨십에 대한 욕구불만을 해소한다.

십대의 경우는 이성간의 애무나 성관계를 통해 욕구불만을 해소하려고 든다. 아이들은 텔레비전이나 영화 속의 폭력적이고 선정적인 장면, 체벌, 사람 사이의 신체 접촉에 대한 사회적 편견을 통해 스킨십에 대해 잘못 배운 것이다. 그런데 교사들은 학창 시절 내내 손을 가만히 두라고 나무라기만 한다.

이제 학생들에게 스킨십은 소중하고 허용되는 것이라는 사실을 가르치자. "친구를 다정하게 만져야지"라는 대화법을 잘 활용해서 건강한 스킨십의 모범을 보이고, 학생들이 가깝게 접촉할 수 있는 기회를 만들어주자.

글을 마치며

아이들은 교사의 말뿐 아니라
어조, 억양, 몸짓에도 민감하다

흔히들 말로는 누가 못 하냐고 하지만, 사실 제대로 말하기도 쉬운 일은 아니다. 교사가 학생들에게 하는 말은 두 가지 메시지를 전달한다. 하나는 말 그대로의 메시지이고, 다른 하나는 말 속에 숨어 있는 무언의 메시지다.

《지혜로운 교사는 어떻게 말하는가》에서 소개한 표현과 개념들은 교육 효과를 높이는 강력한 도구가 될 수 있다고 확신한다. 하지만 한 가지는 조심하자. 단어는 학생들이 반응하는 의사소통의 여러 요소들 가운데 한 가지일 뿐이다. 학생들은 교사가 생각하는 것보다 훨씬 더 교사의 어조나 억양, 몸짓, 의도에 민감하다. 교사의 태도가 메시지와 일치하지 않으면 어떤 말이 되었든 교육적 효과를 발휘하지 못한다. 오히려 안좋은 방향으로 전달될 수도 있다. 이 책에 실린 표현들은 교사가 학생들을 배려하고 존중하는 태도로 말할 때만 교사와 학생 모두에게 그 효과를 발휘할 것이다.

우리가 추천하는 교사의 대화법은 가치 있고 효과적이지만 마법의 말은 아니다. 말 한마디로 학생의 행동이나 태도, 성적을 쉽게 변화시킬 수는 없을 것이다. 하지만 이 표현들이 교사의 의사소통 방식을 바꾸는 데 도움을 줄 것이고, 반복해서 사용하면 학생들이 보다 즐겁게 공부할 수 있는 교실 분위기를 만들어낼 것이다.

학생들에게 말하는 방식을 바꾸고 싶다면, 당장 오늘부터 자신의 언어 패턴을 잘 살펴보자. 녹음해서 모니터링을 해보는 것도 좋다. 당신은 학생들에게 주로 뭐라고 말하는가?

이 책에 나온 표현들을 다시 살펴보자. 그리고 자신의 교육 철학, 가르치는 방식, 자신이 처한 상황과 비슷해 보이는 것들을 몇 개 고르자.

어떤 표현부터 시도해보는 게 좋을까?
"그건 각자가 결정하세요."

성공적으로 적용할 수 있을지 확신이 안 드는데요?
"성공한 것처럼 행동해보세요."

옛날 패턴으로 다시 돌아가면 어떡하죠?

"다음에는 다른 식으로 말해줄래요?"

이제 각자의 교실로 가서 새로운 대화법으로 모험을 시작해보
자. 학생들과의 다정한 스킨십도 잊지 말기를 바란다.

Arent, Ruth. **Stress and Your Child**. Englewood Cliffs, NJ: Prentice-Hall, Inc., 1984.

Bloom, Benjamin. **All Our Children Learning**. NY : McGraw-Hill, 1981.

Borba, Michele and Craig. **Self-Esteem: A Classroom Affair**. Minneapolis, MN: Winston Press, 1982.

Briggs, Dorothy. **Celebrate Yourself**. Garden City, NY: Doubleday & Co., 1977.

Canfield, Jack and Harold Wells. **100 Ways to Enhance Self-Concept in the Classroom**. Englewood Cliffs, NJ: Prentice-Hall, Inc., 1976.

Carse, James P. **Finite and Infinite Games**. Ballantine Books, 1986.

Cazden, Courtney B. **Language in Early Childhood Education**. National Association for the Education for Young Children, 1987.

Cherry, Clare. **Parents Please Don't Sit On Your Kids**. Pitman Learning Inc., 1985.

Clemes, Harris and Reynold Bean. **How To Discipline Children Without Feeling Guilty**. Enrich, 1980.

Clemes, Harris and Reynold Bean. **How To Raise Children's Self-Esteem**. Sunnyvale, CA: Enrich Div., 1980.

Clemes, Harris and Reynold Bean. How **To Teach Children Responsibility**. Sunnyvale, CA: Enrich Div., 1980.

Coloroso, Barbara. **Discipline: Kids Are Worth It**. Media for Kids, 222 Juniper Court, Boulder, CO 80302.

Crary, Elizabeth. **Kids Can Cooperate**. Washington Parenting Press, 1984.

Dyer, Wayne. **Gifts from Eykis**. New York, NY: Simon and Schuster, 1983.

Dyer, Wayne. **The Sky's the Limit**. NY: Simon & Schuster, 1980.

Dyer, Wayne. **What Do You Really Want for Your Child?** Morrow, 1985.

Elkind, David. **The Hurried Child**. Addison-Wesley Publishing Company, 1981.

Faber, Adele and Elaine Mazlish. **How To Talk So Kids Will Listen and Listen So Kids Will Talk**. New York, NY: Rawson, Wade Publishers, Inc., 1980.

Fettig, Art. **The Three Robots**. Battle Creek, MI: Growth Unlimited, 1981.

Fettig, Art. **The Three Robots Discover Their Pos-abilities**. Battle Creek, MI: Growth Unlimited, 1984.

Fettig, Art. **The Three Robots and the Sandstorm**. Battle Creek, MI: Growth Unlimited, 1983.

Ginott, Haim. **Teacher and Child**. New York, NY: The Macmillan Company, 1972.

Glasser, William. **Control Theory in the Classroom**. New York, NY: Harper & Row Publishers, 1986.

Glasser, William. **Take Effective Control of Your Life**. New York, NY: Harper & Row Publishers, 1984.

Gordon, Thomas. **Teacher Effectiveness Training**. New York, NY: Peter H. Wyden, 1975.

Graham, Terry Lynne: Juliano, Rose A.; Knight, Michael E.; Miksza, Susan Robichaud and Tonnies, Pamela G. **Teaching Children to Love Themselves**. Prentice-Hall Inc., 1982.

Hendrick, Joanne. **The Whole Child**. St. Louis: College Publishing, 1984.

Jampolsky, Gerald G. **Good Bye to Guilt**. Bantam Books, 1985.

Jampolsky, Gerald G. **Love is Letting Go of Fear**. Celestial Arts, 1979.

Jampolsky, Gerald G. **Teach Only Love**. Bantam Books, 1983.

Moorman, Chick. **Talk Sense to Yourself: The Language of Personal Power**. Personal Power Press, 1985.

Progrebin, Letty Cottin. **Growing Up Free**. Bantam Books, 1981.

Pollard, John K. **Self Parenting**. Generic Human Studies Publishing, 1987.

Rimm, Sylvia B. **Underachievement Syndrome**. Apple Publishing Company, 1986.

Seldman, Martin L. **Performance Without Pressure**. Walker and Company, 1988.

Unell, Barbara C., and Wyckoff, Jerry. **Discipline Without Shouting Or Spanking**. Meadowbrook Inc., 1984.

Vygotsky, Lev Semenovich. **Thought and Language**. The M. I. T. Press, 1981.

선생님, 이렇게 얘기해 주세요~

270

Teacher Talk

옮긴이 **윤미나**

고려대학교 영어영문학과를 졸업했으며, 현재 전문번역가로 활동 중이다. 지은 책으로 《굴라쉬 브런치》가 있고, 옮긴 책으로 《겨자 빠진 훈제청어의 맛》《사랑을 쓰다》《단 한 번도 비행기를 타지 않은 150일간의 세계일주》《마인드 바이러스》《탤런트 코드》《소유의 역습, 그리드락》《설득의 심리학 2》《제7의 감각: 전략적 직관》《위키노믹스》《벤저민 프랭클린 인생의 발견》 등이 있다.

지혜로운 교사는 어떻게 말하는가

초판 1쇄 발행 2013년(단기 4346년) 7월 26일
초판 17쇄 발행 2023년(단기 4356년) 5월 18일

지은이 · 칙 무어만, 낸시 웨버
옮긴이 · 윤미나
펴낸이 · 심남숙
펴낸곳 · (주)한문화멀티미디어
등록 · 1990. 11. 28. 제 21-209호
주소 · 서울시 광진구 능동로 43길 3-5 동인빌딩 3층 (04915)
전화 · 영업부 2016-3500 편집부 2016-3507
홈페이지 · http://www.hanmunhwa.com

운영이사 · 이미향 | 편집 · 강정화 최연실
기획홍보 · 진정근 | 디자인 제작 · 이정희
경영 · 강윤정 조동희 | 회계 · 김옥희 | 영업 · 이광우

만든 사람들
책임편집 · 최연실 | 디자인 · 오필민디자인
인쇄 · 천일문화사

ISBN 978-89-5699-163-4 03370